Manfred J. Foerster

Bindungserfahrungen und Persönlichkeitsstörungen

Ursachen – Folgen – Wirkungen

disserta
Verlag

Foerster, Manfred J.: Bindungserfahrungen und Persönlichkeitsstörungen. Ursachen –
Folgen – Wirkungen Hamburg, disserta Verlag, 2015

Buch-ISBN: 978-3-95935-162-1
PDF-eBook-ISBN: 978-3-95935-163-8
Druck/Herstellung: disserta Verlag, Hamburg, 2015
Covermotiv: pixabay.com

Bibliografische Information der Deutschen Nationalbibliothek:
Die Deutsche Nationalbibliothek verzeichnet diese Publikation in der Deutschen
Nationalbibliografie; detaillierte bibliografische Daten sind im Internet über
http://dnb.d-nb.de abrufbar.

© disserta Verlag, Imprint der Diplomica Verlag GmbH
Hermannstal 119k, 22119 Hamburg
http://www.disserta-verlag.de, Hamburg 2015
Printed in Germany

Inhalt

I. Frühe Bindungserfahrungen und antisoziale Persönlichkeitsstruktur bei Straftätern

Vorbemerkungen:

Psychologische Voraussetzungen zur Entwicklung einer stabilen Persönlichkeit

Im Hinblick auf destruktive Erscheinungsformen, welche im klinischen Kontext der Persönlichkeitsstörungen auftreten, lassen sich bestimmte sozialisationsspezifische Bedingungen feststellen, die entweder solche Störungen verhindern helfen, oder aber im ungünstigen Falle zur Genese derartiger Störungsbilder beitragen. In beiden Fällen werden die lebenswichtigen Weichen im familialen Klima gestellt, wenngleich auch Umweltfaktoren in gewisser Weise hieran beteiligt sind. Aus klinisch-therapeutischer und forensischer Sicht lassen sich daher mehr oder weniger Persönlichkeitsstörungen nachweisen, die ihren Ursprung in einem spezifischen familialen Herkunftsmilieu haben, in denen unentwegt ein sowohl frustrierendes als ebenso traumatisierendes Erziehungsklima vorherrscht. Wobei zunächst die Frage offen bleiben muß, inwieweit der Einfluß sowohl negativer, als auch positiver Umweltfaktoren durch die Erfahrungen im familiären Umfeld determiniert bzw. favorisiert wird.

Wenn, wie die Schweizer Psychoanalytikern Alice Miller feststellt, daß das, was einem Kinde in den ersten Lebensjahren von Seiten seiner elterlichen Bezugspersonen an destruktiven Erziehungsakten angetan wird, unweigerlich auf die Gesellschaft in Form von aggressivem oder dissozialem Verhalten früher oder später zurückschlägt in Form von Psychosen, Delinquenz, antisozialem Verhalten, Drogensucht, Alkoholismus und chronischer Depressivität, so kann davon ausgegangen werden, daß wesentliche Erziehungsprämissen für das seelische und körperliche Wachsen und Werden eines Kindes unabdingbar sind. Jedes Kind kommt auf die Welt, um zu wachsen, sich zu entfalten, zu leben, zu lieben und seine Bedürfnisse und Gefühle zu seinem Schutz zu artikulieren. Um sich entfalten zu können, braucht das Kind die Achtung und den Schutz der Erwachsenen, die es ernst nehmen, lieben und ihm ehrlich helfen, sich zu orientieren. Werden diese lebenswichtige Bedürfnisse des Kindes frustriert, wird das Kind statt dessen für die Bedürfnisse Erwachsener ausgebeutet, manipuliert, vernachlässigt, betrogen, geschlagen, mißbraucht gestraft, ohne daß je ein Zeuge eingreift, so wird die Integrität des Kindes nachhaltig verletzt.

Die normale Reaktion auf die Verletzung wäre Zorn und Schmerz. .Da der Zorn aber in einer verletzenden Umgebung dem Kind verboten ist und da das Erlebnis der Schmerzen in der Einsamkeit unerträglich wäre, da es mit niemand darüber reden kann, muß es das Gefühl unterdrücken und die Quelle des Schmerzes abspalten, die Erinnerung an das Trauma verdrängen und seine Angreifer idealisieren. Daher weiß es später nicht, was ihm angetan wurde. Jene, nun von ihrem eigentlichen Grund, abgespalteten Gefühle von Zorn, Ohnmacht, Verzweiflung, Sehnsucht, Angst und Schmerz, verschaffen sich dennoch Ausdruck in zerstörerischen Aktionen gegen andere, (Kriminalität, Mord u.ä.) oder gegen sich selbst als autoaggressive Handlungen und Verhaltensweisen, wie Drogensucht, Alkoholismus, promiskuitives Sexualverhalten, psychische Erkrankungen oder Tendenzen zum Suizid.

Im Allgemeinen bleibt festzustellen, daß körperliche Mißhandlungen in hohem Maße mit der späteren Neigung zu Gewalthandlungen korrelieren, da die mitmenschlichen Beziehungen primär als gewaltbesetzt erlebt wurden.

Melanie Klein beschreibt die ersten Lebensmonate des Kleinkindes als paranoid-schizoide Position, bei der einerseits Vernichtungsangst dominiert und andererseits die ersten, wenngleich unbewußten Schritte zu einer Objektbeziehung getan werden, die jedoch an spezifische qualitative Interaktionsprozesse des Kindes mit der Mutter geknüpft sind. In Perioden, die frei von Hunger und Spannungen sind, d.h. in denen die elementarsten Grundbedürfnisse des Kindes angemessen befriedigt werden, besteht ein optimales Gleichgewicht von libidinösen und aggressiven Impulsen. Der symptomatische Kernkonflikt, der Kernberg zufolge, in dem Spannungsverhältnis zwischen oral-libidinösen, also Befriedigungen und oral-aggressiven, also Verweigerung von momentanen Bedürfnissen besteht, ist hier weitgehend ausgeblendet, wobei letzteres die entscheidende genetische Voraussetzung zu späteren Persönlichkeitsstörungen bildet. Jene oral libidinösen und oral destruktiv-aggressiven Impulse, die unmittelbar mit der oralen Versorgung des Säuglings zusammenhängen sind von Anfang an auf die mütterliche Brust gerichtet, wobei bei entscheidenden Bedürfnisversagungen die sogenannte Vernichtungsangst entsteht, die enger Korrespondenz mit Freuds Auffassung des Todestriebes steht. Die oral-libidinöse Ausgestaltung der Bedürfnisse korrespondiert in theoretischer Hinsicht an Freuds Konstrukt des Lebenstriebes, der Libido.

Melanie Klein und Karl Abraham vermuten, daß der Konflikt zwischen Leben und Tod, zwischen Libido und Thanatos bzw. Lebens- und Todestrieb bereits mit dem, allerdings unbewußten, Vorgang der Geburt als schmerzhaftes Erlebnis entsteht und die Vernichtungsangst, die auch dann auftritt, wenn existentielle Grundbedürfnisse nicht zureichend befriedigt werden, als psychische Begleiterscheinung als sogernanntes Geburtstraumata verbleibt., und im negativen Fall, d.h. unter überwiegend negativen Einflüssen, die Biographie des Individuums in der ein oder anderen Form durchzieht. Somit wäre Melanie Klein und Karl Abraham zufolge, die Vernichtungsangst ein allgemeines anthropologisches Wesensmerkmal der menschlichen Psyche. An diese Auffassung knüpfen auch Existenzphilosophen, wie bspw. Sartre, Camus an, die von einer Grundausstattung des Menschen ausgehen, welche durch Angst und deren Überwindung gekennzeichnet ist. Der Psychoanalytiker Alexander Mitscherlich geht sogar davon aus, daß die Überwindung der Angst eine der wichtigsten Aufgaben zur Persönlichkeitsentfaltung überhaupt darstellt. Nur durch eine empathische und konstruktive Erziehung läßt sich diese zerstörerische Vernichtungsangst in Grenzen halten, in dem sie durch die schützende Angst oder Furcht ihre sozial wünschenswerte Sublimierung erfährt ohne einen neurotischen Charakter anzunehmen.

Die wiederholten Erfahrungen von Befriedigung und Versagungen sind starke Reize für libidinöse und destruktive Tendenzen, demzufolge die Basis für Liebe und Haß gelegt wird. Daher wird die „mütterliche Brust", insoweit sie befriedigt, geliebt und als ausschließlich gutes Objekt wahrgenommen. Insoweit sie sich als Ausgangspunkt von Versagungen erweist, wird sie gehaßt und als „böse" empfunden. Da das Kleinkind noch über kein autonomes Subjekt-Objekt-Bild verfügt, (D.h. es kann zwischen sich und der Mutter noch nicht unterscheiden) empfindet es innerhalb der noch gewissermaßen „symbiotischen" Beziehung sich entsprechend als „gut" oder „böse". Neben dem Stadium der Befriedigung und Versagung, die aus exogenen Quellen heraus erfahrbar werden, tragen Introjektion und Projektion als unbewußt ablaufende endogene- psychische Prozesse, zu der doppelten und ihrem Wesen nach ambivalenten Beziehung des Kindes zum mütterlichen Objekt bei. Das Kind projiziert seine Liebesregungen auf das mütterliche Objekt und schreibt sie der mütterlichen Brust als „Symbol der Lusterfüllung" zu. Ebenso werden seine destruktiven, weil versagenden Erfahrungen dem mütterlichen Objekt zugeschrieben und als aggressive Regungen auf die mütterliche Brust projiziert. Durch den unbewußten Vorgang der Introjektion, der gleichfalls eine wichtige Voraussetzung zur späteren Über-Ich-Bildung darstellt, werden die Erfahrungen mit der „guten" oder mit der „bösen" Brust in das eigene kindliche Selbst aufgenommen, so daß das Kind je nach Erfahrungshintergrund entweder sich selbst als „gut" und somit zufrieden fühlt oder im negativen Fall, sich als „böse" und frustriert empfindet. Es wird gewissermaßen eine „gute" und/oder „böse" Brust- Erfahrung im Inneren aufgebaut. Überwiegen hierbei qualitativ und quantitativ die „guten" Erfahrungen bildet sich allmählich ein Urvertrauen in die Objekte der umgebenden Welt aus. Hingegen manifestiert die überwiegende negative Erfahrung die Tendenz zu Mißtrauen und die Annahme, die Welt sei schlecht und feindselig, so daß schließlich die äußeren Objekte im innerpsychischen Bereich die introjizierten bösartigen Erfahrungen widerspiegeln.

Die Vernichtungsangst wird bei Säuglingen nach Auffassung des englischen Kinder- und Jugendpsychologen und Psychoanalytiker Donald W. Winnicott stets bei Bedürfnisverweigerung und gegenüber allen Situationen ausgelöst, die unerwartet und deshalb für die Existenz des Säuglings gefährlich und bedrohlich erscheinen. Winnicott ist der Ansicht, daß sich am Anfang eines Lebens jedes Kind so verhalte, als sei jedes unerwartete Ereignis eine Gefahr. Somit entsteht als spontane Reaktion Angst, die zugleich mit einer Vernichtungsdrohung verbunden scheint, infolge derer, sich das Baby ständig am Rande unvorstellbarer Angst bewegt. Die Reduzierung dieser Angst und deren Sublimierung in Urvertrauen, ist daher das vorderrangige Ziel frühkindlicher Erziehung und Sozialisation. Wird diese Sublimierung und Transformation von Urangst in Urvertrauen nicht erreicht und wird das Kind permanent diesen bedrohlichen Situationen ausgesetzt, so kommt es mittelfristig zum Zusammenbrechen der körperlichen Funktionen; ein Gefühl der Bodenlosigkeit stellt sich ein, darüber hinaus wird dem Kind verwehrt, eine positive Beziehung zum eigenen Körper zu entwickeln, und schließlich wird die Orientierung an den Strukturen der Außenwelt erheblich erschwert. Ebenso ruft das sogenannte falsche Halten, Winnicott zufolge, extremes Unbehagen hervor und bildet daher die Grundlage für das Gefühl des Zusammenbrechens, unaufhaltsam zu fallen und das Gefühl, die äußere Realität sei zur Beruhigung nicht zu gebrauchen. Hinter alledem verbirgt sich das psychische Phänomen einer unspezifischen frei flottierenden Angst, die das Kind überfällt. Der Säugling kann zwar eine konkrete Gefahr nicht erkennen, weder kann er sie phantasieren, aber dennoch entwickelt er in frustrierenden Situationen eine diffuse Angst, welche für ihn existentielle Bedeutung hat. Der einzige Schutz dagegen, ist Winnicott zufolge, die haltende Funktion der elterlichen Bezugsperson und eine konstante Bindung. Die Vernichtungsangst bezieht sich konkret eher auf das gefühlte Erleben von Verlassenheit und das hiermit verbundene Ausmaß der Angst, als auf die Handlung, bzw. das Verhalten, welches die Bezugsperson gegenüber dem Säugling einnimmt. Die Vernichtungsangst stellt sich deshalb ein, da der Säugling Situationen weder vorausahnen, noch deren Verlauf, sowohl im Positiven als auch im Negativen einschätzen kann. Er weiß nicht, daß er das Essen im nächsten Augenblick erhält und der Wartezustand ein Ende hat.

Liegt zwischen dem Auftreten des Bedürfnisses und der Befriedigung nur ein relativ kurzer Zeitraum, so bleibt die Frustration folgenlos und die Vernichtungsangst kann in Grenzen gehalten und in dem Maße abgebaut werden, wie die Befriedigung erfolgt und eine konstant haltende Funktion durch die Bezugsperson wahrgenommen wird. Vertrauen in die umgebende Welt stellt sich ein. Der Säugling erlernt außerdem eine allmähliche Frustrationstoleranz aufzubauen, die im Hinblick auf spätere Sublimierungseigenschaften von außerordentlicher Bedeutung ist.

Eine weitere Qualität von Vernichtungsangst entsteht als Folge anhaltender Traumatisierungen, wie etwa sexueller Mißbrauch und körperlicher Gewalt. Diese ist, unabhängig vom Alter aufgrund ihres subjektiven Charakters, daher die erste und elementarste Form auf jedes Ereignis, was als vitale Bedrohung erlebt wird .Im Normalfall mindert sich die Vernichtungsangst, wie Bedürfnissicherheit und Kontinuität der haltenden Funktionen zunimmt. Ist dies jedoch nicht der Fall und bleiben die Frustrationen und Traumatisierungsphänomene dauerhaft bestehen, so daß sie einen chronischen Habitus annehmen, so bleibt die Vernichtungsangst übergreifend als psychischer Mechanismus bestehen und transformiert in die Borderline-typischen frei flottierenden Angst. Die Folge ist die Genese von Persönlichkeitsstörungen unterschiedlicher Qualität. Ein Realtrauma entsteht zumeist innerhalb einer länger vorhandenen Familienatmosphäre, die in chronischer Weise durch verschiedene psychische und soziale Belastungen kontaminiert ist. Bei Mißbrauch ist daher die Angst ein konstitutives Merkmal des Mißbrauchs als traumatische Handlung. Es entsteht ein Teufelskreis, indem die Erwartungsangst vor dem Mißbrauch eine erhöhte Feindseligkeit erzeugt, in Form von Haß, Wut und Aggressionen, aber auch von Abhängigkeit und ambivalenter Unterordnung unter dem Aggressor. Diese wiederum erzeugt eine erhöhte Erwartungsangst. Traumatisierende Situationen sind von einer Asymmetrie von Macht und Ohnmacht gekennzeichnet. Um diese auszugleichen, werden vom Opfer Haß, Aggression und Wut gegen den Täter eingesetzt. Aber ebenso reagiert es mit Ohnmacht und Resignation. Kinder, die in einem Umfeld chronischer Gewalt und psychischer Traumatisierungen aufwachsen, fehlt es daher häufig an der Feinabstimmung von Affekten auf der Basis einer gut modulierten Affekterfahrung und damit die Voraussetzung zu einer gesunden und stabilen

Ich-Entwicklung. Sie entwickeln daher oftmals primitive Abwehrmechanismen, welche dem Versuch dienen, ihre extreme Angst zu reduzieren, die sie aber dazu verleiten, auf äußere Ereignisse inadäquat zu reagieren. Im Verlaufe ihrer weiteren Biographie werden diese zu gängigen Standards ihres sozialen Verhaltens, vor allem dann, wenn keine rechtzeitigen Korrekturen erfolgen. Weitere differentialdiagnostische Überlegungen werden wir im Verlaufe des Semesters anhand der Borderline- Symptomatik und der narzistischen Störungen behandeln. Hierbei werden wir feststellen, daß die einzelnen Störungsbilder sehr unterschiedlich sind im Hinblick auf Ursache und Erscheinungsbild. D-h. , um eine genauere Analyse eines individuellen Krankheitsbildes zu erstellen, müssen wir die gesamte Persönlichkeit berücksichtigen. Im Gegensatz zu psychotischen Erkrankungen werden bei Borderline-Erkrankungen diese primitiven Abwehrmechanismen zur Aufrechterhaltung des Identitätsgleichgewichtes eingesetzt, um somit einer drohenden Identitätsdiffusion, wie sie bei Psychotikern auftritt, zu entgehen.

Vertrauen gegen Urmißtrauen

Im frühesten Säuglingsalter - während der Beziehung zur Mutter oder mütterlichen Bezugsperson - werden bereits die Weichen zu einer stabilen Persönlichkeitsentwicklung gestellt. Somit ist der früheste Beweis für das wachsende Vertrauen des Kindes in die Gesellschaft die regelmäßige Versorgung mit Nahrung, körperlicher Zuwendung und Wärme Das Kind erlebt die Regulierung seiner wachsenden Fähigkeit der Nahrungsaufnahme mit der positiv getönten Nährtechnik der Mutter. D.h. die Mutter muß bei der Stillung des Kindes den Narzißmus des Kindes in ihren Augen spiegeln, was nichts anderes bedeutet, als daß die Mutter dem Kinde zugewandt eine „haltende Funktion" einnimmt, wodurch sich das Kind sicher und geborgen fühlt. Dies erzeugt beim Kind Wohlbehagen, Zufriedenheit, ein positiv getöntes körperliches Eigenerleben und die Entfaltung von Vertrauen, nicht nur in die stillende Person (Brust, Mutter), sondern zugleich in die umgebende „Welt". Hierdurch kann sich erst eine gesicherte positiv getönte Objektbeziehung einstellen, welche für die Entwicklung zur sozialen Kompetenz außerordentlich bedeutsam ist. Zugleich entsteht unbewußt in der Wahrnehmung des Kindes eine sogenannte „libidinöse orale" Beziehung zur stillenden Person. Dies setzt von Seiten der mütterlichen Bezugsperson eine permanente sichere Bindung voraus, in der die elementaren Bedürfnisse des Kindes erkannt und entsprechend angemessen befriedigt werden. Die Erfahrung einer sicheren Bindung bildet die Voraussetzung des sogenannten Urvertrauens und der späteren Art und Weise, wie soziale

Kontakte praktiziert werden. Die sichere Bindung bildet ein sogenanntes „inneres Arbeitsmodell" aus, welches alle späteren sozialen Kontakte und mitmenschlichen Beziehungen prägt. Wie umgekehrt die unsicheren Bindungserfahrungen Urmißtrauen begünstigen und spätere soziale Kontakte in negativer Weise beeinflussen. Sichere Bindung und das hierdurch vermittelte innere Arbeitsmodell bilden den Erkenntnissen der Bindungstheorie zufolge eine relativ sichere Gewähr, Devianz und spätere Delinquenz zu verhindern und tragen in hohem Maße zur Entwicklung eines stabilen Selbstkonzeptes bei. Das Erleben einer konstanten angemessenen Bedürfnisbefriedigung liefert dem Kind ein grundlegendes Gefühl der eigenen Identität (Ich-Identität), welches positiv als Selbstwertgefühl wahrgenommen wird. Das Kind „weiß" um eine innere Welt voraussehbarer Empfindungen und Bilder (wenn es Hunger hat weiß es aus Erfahrung, daß es gestillt wird), die in Verbindung mit verläßlichen Personen und Ereignissen stehen. Hierdurch lernt das Kind, Ereignisse zu antizipieren, sie einzuschätzen und sich ohne Angst darauf einzulassen.

Risikofaktoren zu Abweichendem und späteren delinquentem Verhalten

Im umgekehrten Fall, d.h. das Fehlen einer sicheren Bindung (unsicher-ambivalente und/oder unsicher-vermeidende Bindung) und den damit verbundenen psychischen und körperlichen Vernachlässigungen, sowie Mißhandlungen, psychischer und/oder sexueller Mißbrauch durch die unmittelbaren Bezugspersonen, lösen permanente Streßsituationen aus, in deren Folge die borderlinetypische frei flottierende oder diffuse Angst entsteht. Aus den Biographien von Straftätern, vor allem Gewalt- Wiederholungs- und Sexualdelikten geht oftmals hervor, daß diese Personen diesen traumatisierenden Ereignissen permanent ausgesetzt waren und in diesen Familien unsichere Bindungsmuster praktiziert wurden. Sichere Bindungserfahrungen gelten daher nach Erkenntnissen der Kriminologie als wesentlicher Schutzfaktor vor Devianz (abweichendes Verhalten im Kindheits- und Jugendalter) sowie späterer Delinquenz. Hingegen gelten als Risikofaktoren: Straffälligkeit eines Elternteils; Persönlichkeitsstörungen (Borderline- Störungen; antisoziale Persönlichkeitsstörung; Suchtabhängigkeit); Heimaufenthalte.

Aus dem Erziehungsstil der Eltern: unzureichende Beaufsichtigung, Vernachlässigung und Verwahrlosungstendenzen; wechselnder und inkonsequenter Erziehungsstil; Gewaltanwendung und wenig oder gar keine Wertschätzung, emotionale Vernachlässigung

Aus dem Schulbereich: schlechte Beurteilung durch die Lehrer; Unbeliebtheit bei den Mitschülern; chronisches Außenseitertum; Lernschwierigkeiten; störendes und auffälliges Verhalten; Fernbleiben vom Unterricht; niedrige formale Bildungsqualifikationen.

Aus dem Freizeitbereich: unstrukturiertes Freizeitverhalten; Einbindung in Gruppen mit antisozialen Einstellungen und Begehung von Straftaten.

Zu den Risikofaktoren im frühen Lebensalter zählen bspw. familiäre Disharmonien; Erziehungsdefizite; Multiproblemmilieu; untere soziale Schicht, genetische Faktoren (transgenerationale Weitergabe elterlicher Persönlichkeitsstörungen); neurologische Schädigungen Veränderungen und Beeinträchtigungen im vorderen Kortex durch permanente Streßsituationen, die im kindlichen Organismus über die Ausschüttung von Streßhormonen (Transmitter) auf Dauer zu Schädigungen in spezifischen Gehirnarealen führen; Gehirnhautentzündungen; präuterale Schädigungen durch entsprechendes dissoziales oder riskantes Verhalten der Mutter während der Schwangerschaft; postuterale Schädigungen; Bindungsunsicherheit; kognitive Defizite; Aufmerksamkeitsprobleme; Anschluß an deviante Peergruppen.

Hierbei handelt es sich keinesfalls um Kausalfaktoren die unausweichlich zu kriminellem Verhalten führen müssen. Demnach besitzen sie auch keinen verläßlichen prognostischen Wert. Jedoch haben entsprechende Untersuchungen, Explorationen und Interviews bei Gewalt- und Wiederholungstätern gezeigt, daß solche Vorschädigungen und traumatisierende Ereignisse in hohem Maße vorgelegen haben.

Schutzfaktoren

Demgegenüber scheinen Schutzfaktoren im Kindheits- und Jugendalter gegen das Auftreten von Delinquenz und Kriminalität von nicht unerheblicher Bedeutung zu sein. Als besonders wichtig werden genannt: eine sichere Bindung an eine Schutzperson, im Idealfall die Eltern oder elterlichen Bezugspersonen; emotionale Zuwendung und zugleich Kontrolle in der Erziehung und Bezügen zu nahe stehenden erwachsenen Personen; Erwachsene, die neben den Eltern als positive Vorbilder vorhanden sind; aktives Bewältigungsverhalten von Konflikten unter Beachtung anerkannter sozialer Norm- und Wertvorstellungen; Bindung an positive schulische Werte und Normen; Erfahrung von positivem Selbstkonzept durch nichtdelinquente Freizeitaktivitäten (Sport; Musik, musische Beschäftigungen; Hobbys etc.) Planungsverhalten, Intelligenz, insbesondere soziale Intelligenz, bzw. Kompetenz.

Bindungsmuster und „Innere Erfahrungsmodelle" [1]

Es ist davon auszugehen, daß sichere Bindungserfahrungen in der frühesten Kindheit und darüber hinaus während der Pubertät und Adoleszenz soziale Devianz und spätere Delinquenz in hohem Maße verhindern helfen. Sicher gebundene Kinder erwerben frühzeitig, ein gewisses Urvertrauen in ihre elterlichen Bezugspersonen und zu ihrer unmittelbaren Umgebung, Selbstvertrauen sowie Empathie zu entwickeln. Darüber hinaus entwickeln sich durch die elterlichen und fürsorglichen Bezugspersonen bedingt, Kernberg zufolge, die sogenannten positiv besetzten „Über- Ich- Vorläufer". Hingegen zeigen Untersuchungen bei Straftätern und insbesondere bei Gewalt- und Wiederholungstätern, daß dieses Klientel in der Regel unsichere Bindungserfahrungen aufweisen, die bereits im frühen Kindesalter den Verlauf ihrer weiteren Biographie in psychischer und sozialer Hinsicht schwer beeinträchtigt und belastet haben. Im Gegensatz zu sicher gebundenen Kindern entwickeln sich statt positiv besetzter Über- Ich –Vorläufer, die „bösen Über-Ich-Vorläufer" als genetische Disposition eines späteren pathologischen Über- Ich, wie wir dies bei Gewalt- und Sexualdelikten oftmals vorfinden. So korrelieren signifikant hoch spezifische, d.h. unsichere Bindungserfahrungen und die Häufigkeit von Rückfällen sowie die Bereitschaft zu antisozialem Verhalten bei einem großen Teil der Straftäter, insbesondere bei Gewalt- und Wiederholungstätern. Demzufolge lassen sich aus den individuellen Bindungserfahrungen von Straftätern gewisse Rückschlüsse auf ihr Sozialverhalten, ihr fragiles Selbstkonzept und ihre häufige Bindungsunsicherheit schließen, welche insbesondere unter den besonderen Bedingungen eines geschlossenen Strafvollzuges zu Tage treten.

Des Weiteren ist davon auszugehen, daß die Bindungserfahrungen der elterlichen Bezugspersonen von diesen oftmals an ihren Kindern weitergegeben werden, so daß wir von einer transgenerationalen „Vererbung" dieser Beziehungsformen ausgehen können. D. H. wenn die elterliche Bezugsperson negative Bindungserfahrungen gemacht hat, etwa in Form von Mißbrauch, Mißhandlung, psychischer und physischer Vernachlassigung, so ist die Gefahr groß, daß sie diese negativen besetzten Erfahrungen als defizitären Erziehungsstil weiter gegen werden. Vor allem in der frühesten postuteralen Phase sind die Bindungsqualitäten von entscheidender Bedeutung für die Persönlichkeitsentwicklung des

Kindes, da während dieser Phase jene elementaren Grundbedürfnisse des Kindes erfüllt werden müssen, die für das psychische und physische Überleben wichtig sind. Erst wenn diese in genügender und kindgemäßer Weise erfüllt werden, kann sich Urvertrauen einstellen und im weiteren Verlauf eine positive Entfaltung der kindlichen Persönlichkeit stattfinden.

Das Bindungssystem ist, Bowlby zufolge, ein von aggressiven oder sexuellen Triebimpulsen unabhängiges und daher eigenständiges Motivationssystem, welches in allen Lebensphasen und in fast sämtlichen sozialen Beziehungen und bis ans Lebensende bestehen bleibt. Jenseits der frühen Kindheit äußert es sich altersspezifisch und die ursprünglichen Bedürfnisstrategien werden in erwachsene und reife Verhaltensformen eingebunden. Auch verlieren sie ihren ursprünglichen direkten Bezug zur Bindungsperson und nehmen gewissermaßen symbolische Äußerungsformen an, so zum Beispiel statt anklammern telefonieren, sich an gemeinsame Verabredungen oder vergangener Kontakte erinnern und diese reaktivieren, statt suchen oder nachlaufen und dgl. mehr.

An dieser Stelle kann zunächst festgestellt werden, Bindungsbedürfnisse und Bindungsverhalten haben eine primäre Überlebensfunktion. Je nach den Erfahrungen, die der Mensch nach seiner Geburt mit seinen unmittelbaren Bezugspersonen gemacht hat, entwickelt er unterschiedliche Vorstellungen von der Qualität und Verbindlichkeit mitmenschlicher Beziehungen, die im Verlaufe seines weiteren Lebens seine personale und soziale Kompetenz in besonderer Weise prägen. Die ursprünglichen Bindungserfahrungen hinterlassen in der Psyche sogenannte *innere Erfahrungsmodelle* darüber, wie verläßlich oder bedrohlich mitmenschliche Beziehungen sein können. Gestalten sich diese ersten Erfahrungen mit den primären Bezugspersonen für das Kind überwiegend negativ, d.h., wird seinen existentiellen Bedürfnissen nach Nähe, Wärme, Nahrung und Geborgenheit nur unzureichend entsprochen und vor allem ohne festen Regeln, sondern willkürlich oder sporadisch und fehlt der mütterlichen Beziehung die *haltende Funktion*, die dem Kind Sicherheit vermittelt, bildet es eine negative Erwartungshaltung aus, die sich in einem überwiegend negativem *inneren Erfahrungsmodell niederschlägt.* In diesem *inneren Erfahrungsmodell* sind bereits in unbewußter Weise jene Vorstellungen enthalten, wie der spätere Erwachsene seine mitmenschlichen Beziehungen zu gestalten in der Lage ist und zwar auf der Grundlage seines erworbenen Erfahrungsrepertoires. Infolgedessen kann sich, im Falle überwiegend negativer Bindungsmuster auch kein Urvertrauen in die umgebende Welt und deren Objekte ausbilden, was für die positive Gestaltung mitmenschlicher Beziehungen und einer gesunden

Identitätsentwicklung von außerordentlicher Bedeutung ist. Anstelle von Urvertrauen bildet sich ein dauerhaftes Urmißtrauen gegenüber allem und der Welt. Die psychische Begleiterscheinung eines solchen Urmißtrauens ist die „chronische und frei flottierende Angst", die nahezu alle sozialen Kontakte solcher Menschen durchzieht.

Im Falle überwiegend positiver Bindungserfahrungen bildet sich ein entsprechendes positiv getöntes *inneres Erfahrungsmodell* aus, welches Voraussetzung zur Bildung des Urvertrauens ist und der Entwicklung zu einer stabilen Ich-Identität, die gleichwohl in gewissem Maße konfliktfähig ist, sowie ebenso über ein gesundes Maß an sozialer Kompetenz verfügt. Die soziale Kompetenz und damit die Fähigkeit, mitmenschliche Kontakte in positiver Weise zu gestalten und die eigenen, sowie die Grenzen anderer zu beachten, wird im Wesentlichen von den frühesten Bindungserfahrungen abhängen, wenngleich in jedem späteren Lebensabschnitt Lernprozesse und Nachreifungen möglich sind.

Die Bindungsentwicklung erfolgt in vier Phasen, wobei die Grenzen fließend sind und ineinander übergehen.

Die erste Bindungsphase erstreckt sich über die ersten 2 Lebensmonate. Dem Säugling ist es möglich die Stimme und den Geruch der Mutter wahrzunehmen und wiederzuerkennen, kann sie aber nicht als selbständiges Subjekt einordnen. Die Sinneswahrnehmungen sind daher ausschließlich auf ihn selbst bezogen. Von Seiten des Säuglings besteht in dieser Phase noch keine Bindung im Sinne einer Beziehung, sondern allenfalls die „instinktive" Wahrnehmung von Bedürfnisbefriedigung oder im negativen Fall von Verweigerung seiner elementaren Bedürfnisse, was als lebensbedrohlich empfunden wird und die sogenannte Vernichtungsangst auslöst, die sich im weiteren Verlauf der Biographie als frei flottierende oder diffuse Angst als borderlinetypische Symptomatik entwickeln kann.

Erst mit Beginn der 2. Phase, vom zweiten bis zum sechsten Lebensmonat ist der Säugling in der Lage anhand seiner bisherigen Erfahrung vertraute von fremden Personen zu unterscheiden. Das Kind baut im positiven Fall zu einer ihm vertrauten Person, zumeist die Mutter, eine tiefe Bindung auf, die von nun an die Basis für Sicherheit, Nähe und Vertrauen darstellt und somit die Ausbildung des sogenannten Urvertrauens fördert.

Vom sechsten bis zum 24. Lebensmonat befindet sich das Kind in der Phase des „aktiven und initiierten zielkorrigierten Bindungsverhaltens. Aufgrund seiner physischen Entwicklung ist es dem Kind möglich, sich selbständig fortzubewegen und seine Umwelt eigenständig zu explorieren. Das Aufsuchen der Bindungsperson kann vom Kind grundsätzlich autonom entschieden werden und ist nicht mehr nur abhängig von der Erfüllung seiner elementaren Grundbedürfnisse. Gleichwohl gehen hierbei Gefühle der Nähe, Trennungsangst und der Sehnsucht nach der Bindungsperson einher, was das Einfühlungsvermögen und die Unterstützung der Bezugsperson erforderlich werden läßt. Gelingt es der Bezugsperson adäquat mit diesen Gefühlen umzugehen, so stellt die primäre Bezugsperson für das Kind ein Zufluchtsort in schwierigen Situationen dar, um Sicherheit, Geborgenheit und Hilfestellung zu erfahren. Dies verstärkt das primäre Urvertrauen der oralen Phase. Des Weiteren ist das Kind in der Lage, seine Bedürfnisse an seine Bezugsperson anzupassen, was wiederum auf der Basis gegenseitiger Akzeptanz die Bindung intensiviert.

Die zielkorrigierte, vierte und letzte Phase der primären Bindungsentwicklung setzt um den 24. Lebensmonat ein. Sobald das Kind sprechen kann, entwickelt sich eine neue Art der Kommunikation in der das Kind lernt, seine eigenen Bedürfnisse und die seiner Bezugspersonen zu erfassen und gegenüberzustellen. Wird das Kind als „denkendes, fühlendes und mit eigenen Wünschen und Absichten ausgestattetes Wesen anerkannt und darüber hinaus durch eine liebevolle und geduldige Zuwendung von Seiten der Bezugsperson in seiner unverwechselbaren Würde geachtet, seine Bindungswünsche, sein Explorationsverhalten und seine Bedürfnisse adäquat erkannt und befriedigt, so stabilisiert sich in zunehmender Weise dessen Selbstkonzept und damit verbundenen sein Urvertrauen in die es umgebende Welt. In diesem Konzept der sogenannten Feinfühligkeit von Seiten der Bezugspersonen liegt eine der wesentlichen Ursachen für spätere Bindungssicherheit und soziale Kompetenz. Nach Auffassung verschiedener Kriminologen liegt hierin ebenso ein Verhinderungsfaktor für spätere Devianz und Delinquenz.

Die Bindungstheorie geht von der Existenz vier unterschiedlicher Bindungstypen aus, die sich in ihren Besonderheiten entsprechend der mütterlichen Beziehungsgestaltung auf das „innere Erfahrungsmodell" des Kindes auswirken.
-das sichere Bindungsverhalten gewährleistet die Vermittlung stabiler Beziehungen und somit die Entfaltung des Urvertrauens,

14

-die unsicher-ambivalente Bindung ist von großer Erwartungsunsicherheit auf Seiten des Kindes gekennzeichnet, was es nahezu unmöglich macht, sich auf bestimmte Situationen adäquat einzustellen. Statt Urvertrauen wird Mißtrauen gegenüber den Bezugspersonen hervorgerufen und im weiteren Verlauf der kindlichen Sozialisation, wenn sich keine Korrekturen einstellen, ein permanentes Gefühl der Angst und Unsicherheit befördert,

-die unsicher-vermeidende Bindung zeichnet sich durch übergroße Distanz und emotionaler Kälte der Beziehungsperson gegenüber dem Kind aus. Genauer betrachtet handelt es sich bei diesem Bindungstypus in Wirklichkeit weniger um eine Bindung, sondern vielmehr um eine nach außen hin scheinende,, rationale und instrumentale Beziehung, die Nähe und Empathie stets vermeidet. Insofern fehlt es in dieser Beziehung an der haltenden Funktion,

-die desorganisierte/desorientierte Beziehung setzt sich aus Elementen der drei vorhergenannten Bindungstypen zusammen. Die Bindungselemente treten sehr unterschiedlich und in spezifischen, der jeweiligen äußeren Situation entsprechender Qualität auf, bspw. bei permanentem sexuellem Mißbrauch durch eine Bezugsperson. So ist empirisch anzunehmen, daß in Familien wo sexueller Mißbrauch stattfindet, dieser Bindungstypus vorherrscht Auch bei diesem Bindungstypus fehlt die konstante haltende Funktion und damit die Möglichkeit zur Entwicklung des kindlichen Urvertrauens.

---

1) Ich plädiere dafür, anstelle von „Innerem Arbeitsmodell" von „Innerem Erfahrungsmodell" zu sprechen, da sich in dem Begriff Erfahrungsmodell das gesamte Spektrum von Ereignissen und psychosozialen Einwirkungen niederschlägt, vor allem während der frühkindlichen Entwicklungsphasen.

Die antisoziale Persönlichkeit

Der Begriff des „Straftäters" im Allgemeinen umfaßt die gesamte Bandbreite strafbarer Vergehen und Verbrechen, die vom Strafgesetzbuch mit Strafen bedroht sind, also einer Pönalisierung unterliegen. Im Rahmen dieser Abhandlung ist hingegen von Straftätern die Rede, die Gewaltdelikte begangen haben und/oder deren Persönlichkeitsstruktur und Tathintergrund darüber hinaus auf eine serielle kriminelle Karriere hindeuten sowie die dem Profil sogenannter „Persönlichkeitstäter" nach Urbaniok u.a. entsprechen. Von der Klassifizierung einer antisozialen Persönlichkeit kann nur dann gesprochen werden, wenn spezifische Verhaltensmerkmale vorliegen, die im DSM- IV (Diagnostisches Statistisches

Manual psychischer Erkrankungen) näher beschrieben sind und eine entsprechende Straftat vorliegt. Zudem weisen Tatgeschehen, Tatort und die mögliche Degradierung der getöteten Opfer auf eine antisoziale Persönlichkeitsstruktur des Täters hin.

Die antisoziale Persönlichkeit ist gekennzeichnet durch Mißachtung sozialer Normen, geringe Gefühlstiefe und fehlendes Mitgefühl (Empathie) gegenüber Mitmenschen und Tieren. Das Verhalten ist ausschließlich und skrupellos auf den eigenen Vorteil gerichtet; negative Konsequenzen, wie bspw. strafrechtliche Sanktionen führen in der Regel nicht zu Verhaltensänderungen. Impulsive Ausbrüche, Aggressionen und instrumentalisierte Gewalt sind häufig, die Opfer sind zumeist zufällig und ohne persönliche Beziehung zum Täter und der Tat. Sie sind oftmals nur zum „falschen Zeitpunkt am falschen Ort". Insoweit stellen Straftäter –vor allem Gewalt- und Sexualdelikter-, denen eine antisoziale Persönlichkeitsstörung diagnostiziert wird, ein erhebliches Sicherheitsrisiko dar. Dies tangiert auch deren Unterbringung in eine Haftanstalt. Laut einer Studie in den USA sind ca. 4% der Männer und ca. 1% der Frauen aufgrund ihrer Straftaten als antisoziale Persönlichkeiten einzuordnen. Diese Ergebnisse lassen sich unter Vorbehalt auch auf unsere postmoderne Gesellschaft übertragen. Wenngleich die Prozentzahlen auf die Gesamtbevölkerung relativ gering erscheinen, so ist jedoch zu vermuten, daß der Anteil antisozialer Persönlichkeiten auf die Gruppe der Straftäter bezogen ungleich höher liegt. D.h. mit anderen Worten, im Strafvollzug haben wir es aller Wahrscheinlichkeit nach mit einem erheblich höheren Anteil an persönlichkeitsgestörten Menschen zu tun, als in der Gesamtgesellschaft. [1]

Aufgrund von hirnorganischen Untersuchungen und verschiedenen Studien kam man zu dem Ergebnis, daß Personen deren Störungsbild das der antisozialen Persönlichkeit entspricht, ein erniedrigtes Niveau psychophysiologischer Erregbarkeit besitzen, welches sich darin bemerkbar macht, daß in Streßsituationen adäquate organische Reaktionen, wie Anstieg der Herzfrequenz, Blutdruck etc., ausbleiben. Außerdem ist die Steuerungsfähigkeit des psychisch- physischen Apparates erheblich eingeschränkt. Zudem ist die Fähigkeit negative Konsequenzen von Handlungen hervorzusehen deutlich verringert oder im schlimmsten Fall, etwa bei Serientätern, nicht vorhanden, da diesen Personen eine natürliche Angstschwelle abhandengekommen ist. Infolge dieses geringen Angstniveaus sind sie so auch in der Lage ungehemmt antisoziale Verhaltensweisen zu praktizieren und Straftaten zu begehen.

Die weiteren biologischen Gründe einer antisozialen Persönlichkeitsstörung liegen offensichtlich in Funktionsdefizite bestimmter Gehirnfunktionen, vornehmlich im Bereich des vorderen Kortex. So sind die Fähigkeiten zur „trait Empathie" welche Mitleid und Mitgefühl umfaßt, zu Schuldgefühlen, aus Erfahrungen, auch aus negativen zu lernen, sowie die Steuerung von Triebbedürfnissen und situativ auftretenden Impulsen kaum vorhanden. Auch das Zusammenspiel zwischen einem erhöhten Testosteronspiegel und einem erniedrigten Serotoninspiegel wirkt sich auf Gesamtpersönlichkeit aus und führt häufig zu aggressivem Verhalten. Aggressives Verhalten wird bei zahlreichen Tierarten und beim Menschen mit dem Neurotransmitters (Botenstoff des Gehirns) Serotonin in Verbindung gebracht. Studien haben indes die Annahme bestätigt, daß eine verminderte Konzentration des Serotoninmetaboliten in der cerebrospinalen Flüssigkeit (Rückenmarkswasser) mit menschlicher Gewalt und Aggressivität korreliert. So wurde ein erniedrigter Spiegel bei Personen gemessen, die gewalttätig in Verbindung mit Alkohol waren, bei Kindern die Tiere foltern und töten und deren schlechte Impulskontrolle zu zerstörerischem Verhalten führte, sowie bei Personen mit exzessiver Gewalttätigkeit. Dennoch bleibt bei der Mehrzahl der antisozialen Straftäter die Frage nach der Schuldunfähigkeit hinsichtlich ihrer strafbaren Handlungen davon unberührt. Das Vorliegen einer antisozialen Persönlichkeitsstruktur schließt eine Schuldfähigkeit nicht ohne weiteres aus, d.h. das Unrecht seiner Taten zu erkennen und gemäß dieser Einsicht, diese zu unterlassen. Insofern läßt auch die juristisch- historische Metapher von der „schweren seelischen Abartigkeit" keine zwingenden Schlußfolgerungen auf eine Schuldfähigkeit oder eine verminderte Schuldfähigkeit zu.

Oftmals finden sich in den Biographien antisozialer Straftäter hinreichende Beweise dafür, daß genetische Faktoren im Sinne einer transgenerationalen Weitergabe elterlicher Persönlichkeitsstörungen, die sich u.a. durch ein gewaltkontaminiertes Beziehungsklima bemerkbar machen, für die Ausbildung dieser Störungen vorliegen. In diesen Fällen würde die These zutreffen, daß persönlichkeitsgestörte Eltern persönlichkeitsgestörte Kinder hervorbringen. Ständige negative Einflüsse im familiären Umfeld bewirken eine Art Verletzlichkeit, die im weiteren Verlauf der Biographie sich in Richtung aggressiven, kriminellen Verhaltens verstärken kann. So verhindern bspw. schwere seelische und körperliche Vernachlässigungen die Ausbildung eines Urvertrauens, welches für die Erlangung einer sozialen Kompetenz für das spätere Leben außerordentlich bedeutsam ist. Untersuchungen an Gewalt- und Wiederholungstätern haben bei einem überwiegenden Teil der Straftäter mangelndes Urvertrauen und negative Bindungserfahrungen nachgewiesen. Vernachlässigung, Bindungsunsicherheit, sexueller Mißbrauch, Mißhandlung im Nahbereich des Individuums, mangelnde Zuwendung in Form von ungenügender oder fehlenden Befriedigung elementarer Grundbedürfnisse sowie antisoziales Verhalten der elterlichen

Bezugspersonen stehen in einem engen Zusammenhang mit späterem antisozialem Verhalten und bilden einschlägige Risikofaktoren zur Genese von Persönlichkeitsstörungen im Erwachsenenalter. Bei einem großen Teil männlicher antisozialer Persönlichkeiten wurden väterliche Gewalterfahrungen festgestellt. Kommen weitere Ausformungen pathologischer Über- Ich Strukturen sowie persönlichkeitsumfassende Ich- Schwächen, etwa bei selbstunsicheren Personen oder mangelnde oder fehlende Impulskontrolle, ein hohes Aggressionspotential, welches auch psychosexuell geprägt sein kann und überwiegend unsichere Bindungserfahrungen während der frühen Kindheit hinzu, so ist oftmals der Weg in Delinquenz vorgezeichnet, wenn nicht rechtzeitig Korrekturen erfolgen.[2]

Van Iyzendoorn u.a. fanden bei einer Untersuchung von gewalttätigen und nichtgewalttätigen Sexualdelikten sowie gewalttätigen und nichtgewalttätigen Straftätern ohne Sexualdelikte je nach Gruppe zwischen 67 % und 97 % der untersuchten Personen mit unsicheren Bindungserfahrungen vor. 1997 untersuchten van Iyzendoorn u.a. in einer forensisch-psychiatrischen Einrichtung in Holland 40 persönlichkeitsgestörte Patienten und stellten über 90 % unsichere Bindungsqualifikationen fest. Wir dürfen also davon ausgehen, daß unsichere Bindungserfahrungen, wie die unsicher- vermeidende; die unsicher- ambivalente und die unsicher desorganisierte/desorientierte Bindung zur Genese pathologischer Beziehungsformen führen und somit kriminelles Verhalten begünstigen. [3] Sichere Bindungserfahrungen hingegen bieten in hohem Maße die Gewähr dafür, daß sich Vertrauen in die Welt und ihre Objekte, Beziehungskompetenz, Fähigkeit zu Empathie und reife Formen mitmenschlicher Beziehung entwickeln können. Fonagy u.a. fanden 1997 in einer breit angelegten Studie heraus, daß frühe Gewalterfahrungen im sozialen Nahraum die Wahrscheinlichkeit erhöhen, Gewaltverbrechen zu begehen.[4] Das Risiko hierzu ist jedoch individuell und variiert hinsichtlich der genetischen Ausstattung, der seelisch- geistigen Struktur, die jemand besitzt und ist zudem abhängig von dem psychosozialen Klima, in welchem der Mensch sich befindet.

Die antisoziale Persönlichkeitsstörung stellt die schwerste Form von psychischen Deformationen dar und ist somit in forensischer und strafrechtlicher Hinsicht beim Vorliegen komplexer Straftaten, die sich gegen die Integrität von Leib und Leben anderer sowie der sexuellen Selbstbestimmung und der persönlichen Freiheit richten, von besonderer Bedeutung. Zunächst bleibt festzustellen, daß die Diagnose „Antisoziale Persönlichkeit" eine nachträgliche Diagnostizierung bedeutet, die sich aus dem Täterprofil, dem Tatgeschehen (Opfer, Tatort) und der Biographie des Täters ergibt. So kann es durchaus vorkommen, daß in spezifischen Fällen eine solche Persönlichkeitsstörung „unentdeckt" bleibt, weil keine hinreichenden Handlungen vorgelegen haben oder sich in den Tatumständen zunächst keine Anhaltspunkte für ein triebgesteuertes Verbrechen gezeigt haben. Die antisoziale Persönlichkeit zeigt ein komplexes Erscheinungsbild. Das Hauptmerkmal dieser Störung ist ein durchgängig verantwortungsloses und antisoziales Verhalten, welches gegen alle Regeln des mitmenschlichen Umganges verstößt. Insofern ist es oftmals nur an den zumeist schwerwiegenden strafbaren Handlungen erkennbar. Antisoziale Persönlichkeiten neigen dazu, abgebrüht und zynisch zu sein. Gegenüber ihren Mitmenschen fehlt ihnen häufig jegliches Mitleid, gleichzeitig mißachten sie deren Gefühle, Rechte und Leiden. Sie versuchen andere zu mißbrauchen um ihren Nutzen daraus zu ziehen. Demzufolge besitzen sie weder Schuldgefühle, noch zeigen sie Anzeichen von Reue. Personen mit einer antisozialen Persönlichkeitsstörung sind in der Regel unfähig aus Erfahrungen sowie aus Fehlern zu lernen, selbst wenn sie dafür bestraft werden. Insofern dient die Strafe weniger der Resozialisierung des Täters, wie im §1 des Strafvollzugsgesetzes gefordert, sondern findet ihre Berechtigung, neben der Verteidigung der Rechtsordnung, als Zweck eines straffreien Moratoriums zum Schutze künftiger Opfer.

Nach der ICD-10 (Internationale Klassifikation von Krankheiten und verwandter Gesundheitsprobleme) gibt es spezifische Merkmale, nach denen eine antisoziale Persönlichkeitsstörung diagnostiziert werden kann. Mindestens drei der genannten Kriterien müssen, neben sozialer Abweichung charakterologischer Besonderheiten, insbesondere Egozentrik, mangelndes Einfühlungsvermögen und defizitäre Gewissensbildung erfüllt werden:

- Mangelnde Empathie
- Mißachtung sozialer Normen
- Beziehungsschwäche und Bindungsstörung
- Geringe Frustrationstoleranz
- Vordergründige Erklärung für das eigene Verhalten und unberechtigte Beschuldigung anderer auf der Grundlage eines pathologischen Über- Ichs
- Mangelndes oder fehlendes Schulderleben und Unfähigkeit zum sozialen Lernen
- Anhaltende Reizbarkeit
- Ein hohes Maß an Manipulationsvermögen

Auswirkungen einer antisozialen Persönlichkeitsstörung auf Straftäter

Obgleich sich kein allgemeingültiger Persönlichkeitstypus festlegen läßt, zeigen verschiedene Untersuchungen signifikante Übereinstimmungen hinsichtlich von Verhaltensmerkmalen in Konfliktbereichen, bzw. bei psychischen und physischen Streßsituationen und mittels inadäquater Verarbeitungsstrategien. Bei etlichen dieser Täter sind in der frühen Kindheit erfahrene Traumatisierungen nachzuweisen. Im späteren Leben werden derartige als schmerzhaft empfundene Erfahrungen um jeden Preis vermieden. Durch frühe Versagenserlebnisse im Sinne fortwährender narzißtischer Kränkungen verspüren sie großes Verlangen nach Zuwendung, Anerkennung und Einverleibung verschiedenster Objekte in Form von Drogen, Alkohol, bis hin zu den Mitmenschen, die in bestimmter Weise für ihre Bedürfnisse funktionalisiert werden. Sie agieren daher an den Opfern dasjenige aus, was sie selber vermißt und/oder was sie selber traumatisierend erlebt haben. Wir haben es also oftmals mit einer psychischen Entwicklungsspirale „vom Trauma zur Aggression und von der Aggression zur späteren Gewalt" zu tun. Ein weiteres Problem der antisozialen Persönlichkeitsstörung bei Straftätern liegt in der Entwicklung der Autonomie, da sie weder in der Kindheit noch im späteren Leben, trotz negativer Erfahrungen, dazu in der Lage sind, sich von ihrer traumatisierenden Bezugsperson zu lösen, daher bleiben sie in einer hochambivalenten Weise an ihrer Bezugsperson gebunden, wobei sich grenzenlose Idealisierung und abgrundtiefer Haß raptusartig ablösen.

Die Auswirkungen antisozialer Persönlichkeitsstörungen bei Straftätern umfassen eine breite Skala von Straftaten. Sie reichen von Gewalteinwirkungen gegen Sachgegenständen bis hin zu Tötungs-, Raub-, Erpressungs-, Körperverletzungs- und Sexualdelikten. Anhand zahlreicher Fälle von Gewalt- und Sexualdelikten fällt auf, daß die Täter zumeist über eine gewisse Intelligenz verfügen und berufliche Karrieren nachzuweisen haben. Oftmals besitzen sie ein „seismographisches" Gespür für die Schwächen anderer, um sie entsprechend manipulieren zu können. Im Umgang mit ihren Mitmenschen agieren sie zumeist in versteckter oder offener Form einer aggressiven „Grundtönung" ihres Handlungs- und Kommunikationsrepertoires. Es besteht ein durchgängiges Mißtrauen gegen die Objekte der Außenwelt, das u.a. zu den Risikofaktoren für spätere Gewalt- und Wiederholungsstraftaten zählt.

Nach Auffassung des forensischen Psychoanalytikers Udo Rauchfleisch besteht bei antisozialen Straftätern nur eine sehr geringe Chance zur Therapie. Es fehlt an der für die Therapie notwendigen bindungsrelevanten Voraussetzungen auf Seiten des Straftäters. Grund hierfür ist nicht nur die narzißtische Dominanz, sondern auch die grundsätzliche Ambivalenz gegenüber intensiven mitmenschlichen Beziehungen, wie sie innerhalb einer therapeutischen Situation unumgänglich erscheint. Aus Sicht der Bindungstheorie verhindern oder erschweren die überwiegend negativen Bindungserfahrungen eine konstruktive Beziehung zu dem Therapeuten, welche für einen Therapieerfolg eine unabdingbare Voraussetzung darstellt. Den jüngeren Erkenntnissen der klinisch-therapeutischen Konzeptionen zufolge, hängt ein Therapieerfolg u.a. von der Qualität der frühen Bindungserfahrungen ab. Diese liefern wichtige Hinweise auf die Bindungs- und Beziehungsfähigkeiten und somit unter Umständen auch auf die Resozialisierungsaussichten von Gewalt- und Sexualdelinquenten. Sollte dennoch Grund zur Annahme einer erfolgreichen Resozialisierung bestehen, so ist zu bedenken, daß scheinbar positive Persönlichkeitsveränderungen einer „als ob Persönlichkeit" geschuldet sein können, die manipulativ von Seiten des Straftäters vorgetäuscht werden um irgendwelche Vollzugsvorteile zu erlangen. Daher ist ihnen gegenüber „äußerste Vorsicht" angebracht und Distanz zu wahren.

Prognostische Aspekte bindungstheoretischer Erkenntnisse

Aus Sicht der Bindungstheorie lassen sich relativ gesicherte Erkenntnisse im Hinblick auf die soziale Kompetenz und die Chancen der Resozialisierung oder etwaiger Rückfalltendenzen gewinnen. Vor allem bei Gewalt- und Wiederholungstätern scheinen überwiegend negative Bindungserfahrungen hinsichtlich derartiger Prognostizierungen von erheblicher Bedeutung zu sein. Erfahrungsgemäß weisen diese Tätergruppen ein hohes Maß an instabilen und mitunter traumatisierende Beziehungserfahrungen während ihrer Erziehung und Sozialisation auf und infolgedessen die hieraus erwachsenen Persönlichkeitsstörungen den Umgang mit ihnen wesentlich erschweren. Gerade in forensischer und pädagogischer Hinsicht erweist sich die Bindungstheorie daher als bedeutsam, da sie einigermaßen gesicherte Erkenntnisse über die Bindungserfahrungen und der hieraus resultierenden sozialen Kompetenz, bzw. Inkompetenz zuliefert und somit eine entwicklungspsychologische Perspektive gewalttätigen und antisozialen Verhaltens aufzeigt. Darüber hinaus leistet sie einen wichtigen Beitrag zum besseren Verständnis schwer nachvollziehbaren Verhaltens der Probanden im Sinne einer allgemeinen Diagnostik. Vor ihrem Hintergrund kann daher deutlich werden, warum ein Klient oder Straftäter sich gegenüber pädagogischen, therapeutischen oder betreuerischen Maßnahmen kontraproduktiv verhält, obgleich der Betreuer oder Helfer alle wesentlichen Schritte der helfenden Beziehung beachtet und sich auch ansonsten gegenüber dem Probanden korrekt verhält.

Bindungserfahrungen und sprachliche Kompetenz

> „Wer die eigene Vergangenheit nicht zu erinnern vermag, der wird ihr auch nicht entrinnen"
> John W. Bowlby 1988

Der nützliche Beitrag der Bindungstheorie für die Beurteilung und Therapie, bzw. für den angemessenen Umgang mit bindungsgestörten Klienten besteht u.a. darin, vor dem Hintergrund erlebter Bindungserfahrungen anhand der berichteten Narrative, Aufschluß über mögliche Persönlichkeitsstörungen zu erhalten. Dasjenige, welches hierdurch deutlich werden kann, sind Hinweise auf erlebte Traumatisierungen und deren Auswirkungen auf die Persönlichkeitsentwicklung und fragilen Selbstkonzepte der Probanden. Um die affektiv-kognitive und reflexive Kompetenz einer Person festzustellen, kommt deren sprachlichen Qualität und Kohärenz eine besondere Bedeutung zu. Hinsichtlich der kindlichen Bindungs- und Elternerfahrungen der Erzähler stellen diese Erinnerungsspuren ein relevantes diagnostisches Material dar, welches über den Verarbeitungsgrad von Bindungserfahrungen und die Qualität von elterlichen Erziehungs- und Sozialisationsprozessen Aufschluß gibt.

Die sogenannte autobiographische Kompetenz, welche wir vor allem bei positiven Bindungserfahrungen vorfinden, läßt sich über sprachliche Diskurse im Hinblick auf Kohärenz und Authentizität des Selbstkonzeptes eines erzählenden Individuums und dessen Fähigkeit darin besteht, auch negative biographische Details als Teil der Erinnerungskultur zu integrieren, relativ zuverlässig feststellen. Hierbei stimmen die semantischen und

22

episodischen Erinnerungen überein und werden ohne Brüche und Spaltungstendenzen wiedergegeben. Hingegen sind bei negativen Bindungserfahrungen die Narrative inkohärent und in zeitlicher Hinsicht oftmals verwirrend.

Bowlby hat das Bindungsverhalten verbunden mit der Suche nach Nähe als ein Grundbedürfnis angesehen, welches bis ins hohe Alter besteht und das psychische und physische Überleben sichert. Die Organisation des Bindungsverhaltens im späteren Leben ist in hohem Maße von den frühkindlichen Bindungserfahrungen abhängig, die in der Ursprungsfamilie gemacht wurden Bowlbys Theorie zufolge, die er durch klinische Untersuchungen empirisch nachweisen konnte, formt sich in jedem Kind in der Mitte des ersten Lebensjahres ein Bild von seiner existentiell bedeutsamen Bezugsperson, entweder in traumatisch negativer Hinsicht oder im Falle positiver Bindungserfahrungen in vertrauensvoller und harmonischer Weise. Obwohl zu diesem frühen Zeitpunkt eine vollständige wahrnehmungskompetente Trennung von Eigenerleben als Subjekt und der handelnden Mutter als ein Objekt noch nicht geleistet werden kann, so besteht dennoch die Vorstellung von einer versorgenden und beschützenden Instanz, die das Kind in enger Weise mit seinen psychischen und physischen Bedürfnissen bindet. Werden bspw. seine Bedürfnisse zufriedenstellend befriedigt, so erfährt es sich selbst zufrieden und ein Gefühl der Geborgenheit stellt sich ein. Es erlebt sich in Einklang mit der umgebenden Welt, was die Bildung des Urvertrauens in außerordentlicher Weise fördert.

Über das Bindungsverhalten und die täglichen Reaktionen der elterlichen Bezugspersonen entwickelt sich eine innere Repräsentation, das sogenannte „Innere Erfahrungsmodell" auf der Basis ständig wiederkehrender Erfahrungen von Nähe, Zuwendung und Autonomie. Die Bindungserfahrungen oder genauer gesagt, die Art und Weise wie die Bezugspersonen sich dem Kind gegenüber verhalten, welchen Schwankungen oder Kontinuitäten es hierbei ausgesetzt ist, werden im Verlauf der Entwicklung in ein mehr oder weniger kohärentes Gesamtbild integriert, welches sich späterhin als Bindungsrepräsentation oder Bindungsgewohnheit als soziale Kompetenz in allen sozialen Beziehungen auswirkt. Gelingt nun unter den Voraussetzungen einer sicheren Bindung die Integration kindlicher Bindungsbedürfnisse nach Nähe und Zuwendung, verknüpft mit einer empathischen Reaktion von Seiten der elterlichen Bindungspersonen, so entsteht eine Kohärenz zwischen Erlebten, Gefühlen sowie der affektiv-kognitiven, d.h. sprachlichen Repräsentanz, bzw. Reproduktion des Erlebten und der Erfahrungen, die sich in den Narrativen von Erwachsenen niederschlagen. Im Falle negativer Erfahrungen sind diese Narrative inkohärent, wie oben beschrieben. Die Ursache hierfür wird von Rauchfleisch u.a. in den traumatischen Ereignissen gesehen, die während der frühkindlichen Entwicklung stattgefunden haben und die aufgrund unbewußter Verdrängungsprozesse nicht mehr kohärent wiedergegeben, bzw. erinnert werden können, da sie ansonsten Intrusionen und Flash-Back Symptome auslösen können. Und dies versucht der Betreffende um jeden Preis zu vermeiden.

Menschen mit überwiegend negativen Bindungserfahrungen, die von psychischen und physischen Traumatisierungen durchzogen waren neigen dazu, die Bedeutung von Bindungen und festen Beziehungen für ihr Leben zu entwerten. Vielmehr betonen sie auffallend die Wichtigkeit von Unabhängigkeit und egozentrischer Stärke als Ausdruck ihrer Autonomie. Möglicherweise resultiert ihre Betonung nach Unabhängigkeit und die grundsätzliche Entwertung von Bindung und Beziehung aus einer unbewußten narzißtischen Angst vor Nähe und die Begründungen hierzu, Rationalisierungen dieser Angst sind. Außerdem neigen Menschen mit unsicher ambivalenten Bindungserfahrungen dazu, ihre engsten Beziehungen endlos und redundant, sowie unzusammenhängend darzustellen, was offensichtlich daher kommt, daß die Beschäftigung mit früheren Bindungserfahrungen so sehr von Wut und Angst gekennzeichnet sind, daß sie das Eigentliche, was sie sagen wollen, verfehlen. Vermutlich handelt es sich bei diesen Menschen um solche, die während ihrer frühkindlichen Entwicklung schweren Traumatisierungen oder Verlusten von Bindungspersonen ausgesetzt waren und diese hierdurch hervorgerufenen Erfahrungen und Erlebnisse nicht angemessen verarbeiten konnten.

Bindungserfahrungen und Persönlichkeitsstörungen

In einem halbstrukturierten Interview wurden 1996 von George u.a. Daten erfaßt, die Bindungserfahrungen und Bindungsverhalten von Erwachsenen aufdecken sollten (Adult Attachachement Interview, AAI). Die untersuchten Personen wurden gebeten, über frühere Bindungserfahrungen zu berichten, was und wie sie diese erinnern.

Bei 40% der Befragten in nichtklinischen Gruppen, also im psychiatrischen Sinne gesunden Menschen oder solche ohne nichtpsychiatrische Persönlichkeitsstörungen, wurden unsichere Bindungserfahrungen, sowie auch unsicheres und ambivalentes Bindungsverhalten innerhalb sozialer Beziehungen festgestellt. Dies ist ein relativ hoher Untersuchungswert, bedeutet aber

24

dennoch nicht, daß diese Personen Persönlichkeitsstörungen davon getragen haben. In einer empirischen Untersuchung über Untersuchungsgefangene fanden Levinson u.a. 1996 bei Personen mit diagnostizierten Borderline Erkrankungen und bei Personen mit antisozialem Persönlichkeitscharakter einen unerwartet hohen Anteil von biographischen Schilderungen, die auf unverarbeitete Traumatisierungen hindeuteten. Darüberhinaus konnte man feststellen, daß diese Personen über Beziehungen verwirrend und abwertend sprachen und unbewußte Ängste vor allzu großer Abhängigkeit und Nähe gegenüber engeren Bezugspersonen mobilisierten, die in Spaltungsvorgängen als Abwehrmechanismus zum Ausdruck kamen. Mitunter waren die geäußerten Gefühle in hohem Maße feindselig besetzt, die wiederum bei den Interviewern negative Gegenübertragungsgefühle auslösten.

An dieser Stelle läßt sich aus dem bisher Gesagten folgendes feststellen:

Negative frühe Lebenserfahrungen auf der genetischen Basis einer Borderline –Symptomatik, wie Mißbrauch, chronische, psychische und physische Vernachlässigung, Mißhandlung, inkonsistente Betreuung und Steuerung existentiell bedeutsamer Bedürfnisse wie Wärme, Nähe, Vertrauen und Geborgenheit, führen in signifikant auffälliger Weise zu unsicheren Bindungserfahrungen und späterem unsicherem Bindungsverhalten und bereiten darüber hinaus den Boden zu einschlägigen Persönlichkeitsstörungen, wie wir sie unter den Klienten der Straffälligenhilfe häufig bemerken können.

Die dem Kind angebotenen Bindungsmuster der Eltern werden im „inneren Arbeitsmodell" des Kindes internalisiert und prägen in hohem Maße sein späteres Sozialverhalten. Wiederholte traumatische Erfahrungen in der frühen Kindheit führen dazu, während dieser Phase wichtige Entwicklungsschritte zu verfehlen, bspw. die Fähigkeit aus einem gesicherten Erfahrungspool im Hinblick auf kommende Ereignisse positiv getönte Erwartungshaltungen einzuüben, die letztlich Vertrauen in die Bezugspersonen und die Welt fördern. Hierdurch ist diesem Klientel verwehrt, kommende Ereignisse positiv zu antizipieren.

Exkurs: Neurobiologische Folgen traumatischer Einwirkungen während der frühkindlichen Entwicklung auf die Ausbildung des Hippocampus und der Amygdala

Die häufigste Ursache pathologischen Verhaltens liegt nach Meinung von Experten in einer inadäquaten, durch Gewalt, Mißbrauch und Vernachlässigung gekennzeichneten Kindheit. Daher ist die Qualität der Bindungserfahrungen im Säuglingsalter und in der frühen Kindheit von ausschlaggebender Bedeutung für die Persönlichkeitsentwicklung des Kindes. Um in etwa abschätzen zu können welchen pathogenen Einfluß unsichere Bindungserfahrungen die mit psychischer Vernachlässigung, physischer Gewalt und permanenter Vernachlässigung elementarer Grundbedürfnisse korrespondiert, ist ein Vergleich mit der inzwischen als gesichert geltenden Verhaltensbiologie angebracht. Hier steht uns das aus der Tierforschung zugängliche „Fight- Fligth- Freeze- Modell (Kampf- Flucht- Erstarrung) zur Verfügung. Hierin wird ein physiologischer Überlebensmechanismus des Tieres (in unserem Fall von Säugetieren) beschrieben, welcher dem Verhalten des Menschen, der sich in einer belastenden Situation befindet, ähnelt. Dieser Mechanismus wird dann ausgelöst, wenn eine existenzbedrohende Situation eintritt, d.h. in Vernachlässigungsituationen bei Säuglingen während der oralen Phase, die sodann die sogenannte Vernichtungsangst (frei flottierende Angst) zur Folge hat, da während dieser Situationen für das Überleben wichtige physische Versorgungsleistungen unterbleiben (Nahrung, Wärme, Geborgenheit etc.) oder sonstige Traumatisierungen, wie körperliche Gewalt, sexueller Mißbrauch stattfinden. Da sich auch die Gehirnstrukturen von Säugetieren und Menschen vergleichen lassen und ebenso die Nervenzellen ähnlich arbeiten, bzw. reagieren, läßt sich dieses Modell des Fight- Fligth-Freeze gleichwohl auf menschliche Rektionen innerhalb existenzbedrohlicher Situationen übertragen. Die wichtigsten Hirnregionen die in diesem Zusammenhang eine entscheidende Rolle spielen sind der Hippocampus der für die Kognition und Kontextualisierung, d.h. die kognitive Einordnung und Zuordnung des Ereignisses, sowie die Amygdala, welche die emotionale Bedeutsamkeit einer bedrohlichen Situation oder einer sonstigen Information beurteilt und dadurch Adrenalin, Noraadrenalin, Dopamin und Cortisol ausschüttet um hierdurch das Lebewesen entweder auf Kampf oder Flucht vorzubereiten, je nachdem wie sich für das betroffene Objekt die Situation darstellt und von ihm beurteilt wird. Hierbei werden Herz- und Atemfrequenz sowie die Muskelanspannung erhöht. Sind Flucht oder Kampf nicht möglich, stellt sich der Totstellreflex (Freeze) ein, damit das Objekt nicht als etwas Lebendiges entdeckt wird. Jede Lebensregung wird eingestellt, um die Wahrscheinlichkeit eines Angriffes zu mindern.

Auf einen Säugling übertragen, dessen existentielle Grundbedürfnisse, vor allen in der oralen Phase, permanent vernachlässigt werden und der psychischen und physischen Traumatisierungen ausgesetzt ist, stellt sich in der Freeze-Phase die sogenannte Vernichtungsangst ein, da erfahrungsgemäß weder Kampf oder Flucht möglich ist und im Gegensatz zum Tier auch kein Ausweg aus diesen traumatischen Situationen zur Verfügung steht. Die nunmehr ständige Ausschüttung der oben genannten Stresshormone führt langfristig zu irreversiblen Gehirnschädigungen, bzw. läßt die im vorderen Kortex verorteten Gehirnregionen nicht zur vollen normalen Ausreifung gelangen. Steht weder Kampf noch Flucht zur Verfügung befindet sich das Opfer in der sogenannten traumatischen Zange, wo es nur noch um das psychische Überleben geht. Das Opfer verfällt in den Zustand der Unterwerfung. Die Amygdala schüttet ihrerseits Endorphine aus, die das Opfer psychisch und physisch betäuben. Im schlimmsten Fall folgen dissoziative Phänomene, die sich in Derealisation und Depersonalisation äußern können. Beim Säugling, welcher noch über keine Subjekt-Objekt Wahrnehmung verfügt, stellt sich die Vernichtungsangst ein mit allen negativen Folgeerscheinungen. Diese frühkindlichen negativen Erfahrungen haben indes einen enormen Einfluß auf die Entwicklung der Nervenzellen, denn diese treffen auf ein hohes neuronales Plastizitätspotenzial, also auf eine noch hohe Formbarkeit von Gehirnarealen. Dementsprechend wirken erste emotionale Erfahrungen während der ersten Bindungsphasen prägend für die zukünftigen sozialen und emotionalen Beziehungen und somit für die Entwicklung der Persönlichkeit sowie der sozialen Kompetenz in späteren Altersstufen.

Hingegen lassen positive Bindungserfahrungen nicht nur eine stabile Ich-Identität entstehen, sondern vermitteln durch die elterlichen Bezugspersonen als Über-Ich-Vorläufer (Kernberg) späterhin ein positiv getöntes Über-Ich, d.h. eine auf die humanen und gesellschaftlich allgemein anerkannten sozialen Umgangsformen bezogene Gewissensbildung. Denn das Über- Ich ist Fonagy zufolge „die organisierte psychische Repräsentation der autoritären Elternfiguren aus der Kindheit". Es ist der „Träger der Ideale, die dem Kind von den Eltern und somit von der Gesellschaft vermittelt werden" (Fonagy/Target 2003). Das Über- Ich, oder im landläufigen Sinne unser Gewissen, ist daher die Quelle der Schuldgefühle und somit wesentlicher Bestandteil unserer Fähigkeit eigenes Verhalten und Handeln zu reflektieren und zu hinterfragen sowie unserer sozialen Kompetenz. Es spielt deshalb für das normale und ebenso für pathologische Verhalten, bzw. Funktionieren des Individuums eine wesentliche Rolle. Von Psychopathen ist bekannt, daß bei ihnen genau diese Gewissensbildung und die damit einhergehenden Schuldgefühle nicht vorhanden sind. Frühkindliche Traumatisierungen können indes dazu führen, daß das Über –Ich Rauchfleisch zufolge eine sadistische Instanz erreicht. Um sich vor der übermächtigen Gewissensinstanz zu schützen, projizieren daher Betroffene „ihre eigenen verdrängten, negativ besetzten Beziehungserfahrungen mit ihren elterlichen Bezugspersonen auf andere" (Foerster 2012). Negative Bindungserfahrungen in der frühen Kindheit führen dazu, daß diese ein geringes Maß an Empathie (state-Empathie) entwickeln und kein Gefühl für die Situation anderer haben, bzw. die Gefühle anderer nicht nachvollziehen können. Sie sind nicht in der Lage die sogenannte trait-Empathie zu entwickeln. Gehirnorganisch scheint hieran die mangelnde Ausbildung der Spiegelneuronen im limbischen System des präfrontalen Kortex eine der biologischen Ursachen zu sein. Denn die spiegelneuronale Fähigkeit Angst, Leid, Schmerz anderer adäquat mitzufühlen (trait Empathie) wird vor allem durch die „haltende Funktion" der mütterlichen Bezugsperson während der oralen Phase gefördert. Hier trifft der Satz von Alice Miller zu: „Die Mutter muß den Narzißmus ihres Kindes in ihren Augen spiegeln". Dies ist aber offensichtlich innerhalb unsicherer Bindungsmuster nicht der Fall. Statt dessen stellt sich Rauchfleisch zufolge ein Gefühl ständiger Bedrohungen ein. Kindliche Mangelerfahrungen und Traumatisierungen haben zur Folge, daß bei den Betroffenen Angst die Qualität von Vernichtungsangst besitzt und viele ihrer Handlungen das Ziel haben, diese borderline-typische diffuse oder frei flottierende Angst abzuwehren. Wenn wir davon ausgehen, daß die Fähigkeit eine sichere und nachvollziehbare Kommunikation zu beherrschen ein wesentlicher Bestandteil unserer sozialen Kompetenz und somit unserer Beziehungsgestaltung ist, so zeigen sich bei Personen mit traumatisierende unsicheren Bindungserfahrungen erhebliche Defizite. So neigen diese Menschen dazu, die Bedeutung von Bindungen und festen Beziehungen für ihr Leben zu entwerten. Außerdem weisen sie erhebliche Störungen in Denk- und Wahrnehmungsprozessen, der Realitätsprüfung und der Abwehrprozesse, bzw. dem Gebrauch positiver Abwehrmechanismen auf.

Bindungserfahrungen und Gewaltdelinquenz

Ross und Pfäfflin untersuchten 2001 anhand einer signifikanten Stichprobe insgesamt 31 männliche Gefangene aus 4 verschiedenen Justizvollzugsanstalten in Baden-Württemberg. Es wurden insgesamt drei Personengruppen: Gefangene, Anwärter im Justizvollzugdienst und Mitglieder christlicher Pfingstgemeinden vergleichend miteinander untersucht. Auch die

Personen der Vergleichsgruppen waren männlich. Für die Auswahl der Straftäter galten folgende Kriterien:

- mindestens eine Gewalttat gegen eine andere Person entsprechend den Vorgaben der Abschnitte STGB 13- Straftaten gegen die sexuelle Selbstbestimmung,
- 16- Straftaten gegen das Leben,
- 17- Körperverletzungen,
- 18- Straftaten gegen die persönliche Freiheit
- 20- Raub und Erpressung.

Die ausgesprochene Freiheitsstrafe mußte mindestens 3 Jahre betragen.

Die erste Vergleichsgruppe bestand aus 22 Anwärtern für den Vollzugsdienst, die zweite Vergleichsgruppe setzte sich aus 21 Mitgliedern christlicher Pfingstgemeinden in Baden-Württemberg zusammen. Die Straftäter waren im Durchschnitt 36,1; die Anwärter 30,7 und die Gemeindemitglieder 36,5 Jahre alt. Den Personen der Vergleichsgruppen wurden ein ausgeprägter innerer Autoritätsbezug unterstellt, der sich bei den Anwärtern auf die Bindung an die hierarchisch strukturierte Institution des Strafvollzuges bezog, mit ihren relativ festgelegten Handlungsstandards. Bei den Gemeindemitgliedern wurde in Anlehnung an religionspsychologische Erkenntnisse (Kraus u.Eckart 1997) eine starke Bindung an religiöser Symbolik, an Gott als Über-Ich Ideal, sowie an die Mitgliedschaft der Mitgläubigen postuliert, welche durch einen ethischen und moralischen Bezug einen inneren Konsens besitzen, der die sichere Basis ihres Selbstkonzeptes bildet. Die Untersuchung beruhte auf einem Selbstbeurteilungsbogen nach dem Erwachsenen-Bindungsprototypenrating, (EBPR) entwickelt von Lobo 1997, sowie Strauß u. Lobo-Drost 1999.

Die Untersuchung erbrachte folgendes Ergebnis:
Der Anteil der sicher gebundenen Personen in der Gruppe der Straftäter lag mit 35% angesichts dieses problematischen Klientels überraschend hoch. Hierbei waren 25% desorientiert/desorganisiert gebunden, 19% unsicher-ambivalent und 19% unsicher-vermeidend. Betrachtet man die drei unsicheren Bindungstypen als belastend für die weitere Persönlichkeitsentwicklung, wie bereits dargestellt, so lag der Anteil aller unsicheren Bindungserfahrungen bei ca. 63-65 %, was immerhin die zuvor behaupteten Thesen stützen würde. Bei den Vergleichsgruppen lag hingegen der Anteil der sicheren Bindungserfahrungen ungleich höher und zwar, bei den Anwärtern des Vollzugdienstes 77% und bei den Gemeindemitgliedern 81%. Mit einem erheblich höheren Anteil an sicheren

Bindungserfahrungen sind somit die Mitglieder der Vergleichsgruppen ausgestattet, so daß sich zwei Hypothesen zu bestätigen scheinen:

- *Unsichere Bindungserfahrungen tendieren im Zusammenhang mit Persönlichkeitsstörungen zu gewalttätigem und grenzverletzendem Verhalten, wobei die Grenze zur antisozialen Persönlichkeit fließend ist.*

- *Bei den Vergleichsgruppen zeigt sich die religionspsychologische Annahme der Korrespondenz- und Kompensationsthese bestätigt, wie ebenso normative Strukturen, denen man sich verpflichtet fühlt, die Bildung sicherer Bindungsbeziehungen unterstützen, wenn sie für den Betroffenen einen hohen Grad an Identifikationspotential bereithalten.*

Ross und Pfäfflin folgern dementsprechend, daß ein wichtiges konstituierendes Element von Bindungssicherheit die Vorhersagbarkeit von Reaktionen der Umwelt und die Verläßlichkeit des Verhaltens der Bezugspersonen, bzw. des sozialen Umfeldes ist. Deshalb sind die sozialen Interaktionen beider Vergleichsgruppen innerhalb ihrer hoch organisierten, bzw. mit eindeutigen ethischen und moralischen Standards versehenen Bezugsfelder, in hohem Maße verläßlich und vorhersehbar.

Diese Folgerungen, die Ross und Pfäfflin ziehen, sind auch hinsichtlich der Qualität der Beziehungsmuster aller Bezugsgruppen nachzuweisen. Auf der Dominanz- und Zuneigungsskala überwiegt die Gruppe der Straftäter durch einen signifikant höheren Anteil an feindseliger Dominanz gegenüber ihren Mitmenschen. Demgegenüber schätzen sie den Wert sozialer Zuneigung sehr viel geringer ein, bzw. bei einigen wird er überhaupt nicht wahrgenommen und sogar als Schwäche abgelehnt. Dies bedeutet im konkreten ,Alltagsverhalten, daß zu Gewalttaten neigenden Personen interpersonelle Kontakte unter dem Postulat von Feindseligkeit, Dominanz und Aggressivität definieren und nichts dabei finden, die Grenzen und Integrität anderer zu verletzen.

Die Mitglieder beider Vergleichsgruppen beschrieben sich als grundsätzlich friedliebend und gemäßigt und gaben an, daß sie wenige Probleme mit aggressivem Verhalten haben. Daher ist anzunehmen, daß das hohe Maß an sozialer Kontrolle ihrer Herkunftsgruppen auch ein Grund für die Aggressionshemmung und der geringen Wahrscheinlichkeit zu gewalttätigem

Verhalten darstellt. Außerdem verfügen sie offensichtlich über genügende psychische Ressourcen und Frustrationstoleranz, vorhandene Spannungen entweder zu verdrängen oder zu sublimieren.

Abschließend stellt sich die Frage, welche Konsequenzen ergeben sich aufgrund der verhaltensrelevanten Ergebnisse der beiden Vergleichsgruppen, die offenbar einen starken inneren Bezug sowohl zu positiven Über-Ich-Idealen besitzen, als auch über einen regulierenden Verhaltenskodex verfügen, der ihre mitmenschlichen Beziehungen in positiver Weise unterstützt.

Übertragen wir die Aussagen der Korrespondenztheorie und der Kompensationsthese auf den Umgang mit bindungsunsicheren und persönlichkeitsgestörten Straftätern, denen antisoziale Charaktermerkmale aufgrund der Tatumstände und ihrem Persönlichkeitsprofil nachgewiesen werden konnten, so sollten folgende Einstellungen gegenüber dieser Klientel praktiziert werden. Die Korrespondenztheorie geht von der Annahme aus, daß religiöse und autoritätsgebundene Orientierungen soziales Verhalten und Bindungsqualitäten und somit Bindungssicherheiten in hohem Maße begünstigen. Anhand der Kompensationsthese werden Autorität und normative Regelstrukturen als Ersatz für fehlende Bindungspersonen in der Kindheit und Jugend behauptet. Somit lassen sich fehlende oder dysfunktionale Bindungsbeziehungen durch die starke Identifizierung mit Autoritätsfiguren oder autoritären System kompensieren. Daher sollten Therapie und professioneller Umgang mit diesem Klientel von einer autoritären und verbindlichen Struktur ausgehen, welche der Rekonstruktion von Bindungserfahrungen und „Inneren Erfahrungsmodellen (Foerster) genügt und den involvierten Psychologismen der Korrespondenztheorie entspricht. Der Therapeut versteht sich hierbei als Bindungsperson, an der der Klient seine frühen Bindungserfahrungen erinnert, wiederholt und rekonstruieren kann. Damit der Wiederholungszwang schließlich durchbrochen werden kann, müssen die „alten Modelle" in „neue Modelle" verändert werden. Das „Klima" einer sicheren Bindung durch den Therapeuten als „Bindungsfigur" gibt dem Klienten die Möglichkeit sich sicher zu fühlen, um auf dieser Basis neue Beziehungsmuster aufbauen zu können. Diese Sicherheit muß auch dann gewährleistet sein, wenn der Klient, bzw. Straftäter, „alte" internalisierte Beziehungsmuster ausagiert. Der Therapeut sollte hingegen die partiellen Spaltungen und projektiven Übertragungen in Betracht ziehen, die seine Rolle erschweren und ihn oftmals an den Rand seiner therapeutischen Neutralität bringen. Dennoch scheint die oben beschriebene

Vorgehensweise die einzig brauchbare Alternative zu sein, mit denen Straftäter mit antisozialer Persönlichkeitsstruktur annähernd an die Resozialisierungsziele herangebracht werden können, damit überhaupt Persönlichkeitsveränderungen erreicht werden.[7] (Hierzu mein Beitrag über die risikorelevanten Problembereiche bei Persönlichkeitstäter, veröffentlicht auf dem Ilias Schreibtisch, a. a. O. 2014). Ein wesentlicher Aspekt bildet die feste und eindeutige Struktur des therapeutischen Konzeptes und des therapeutischen Kontext. Nondirektive und empathische Interventionen sind hingegen bei Straftätern mit antisozialer Persönlichkeitsstruktur, zumal wenn es sich hierbei um sogenannte Persönlichkeitstäter handelt[6,] die Gewalt- und/oder Sexualdelikte begangen haben abzulehnen, da diese aufgrund ihrer risikorelevanten charakterologischen Persönlichkeitsanteile und ihrer permanenten Unfähigkeit Nähe zuzulassen, diese als bedrohlich empfinden. Zudem ist aus psychoanalytischer Sicht zu bedenken, daß in dem Moment, wo der Therapeut während des therapeutischen Prozeß eine konkrete soziale Rolle aus der Vergangenheit des Klienten übernimmt, die jene traumatischen Erinnerungen in Form von Flashbacks widerspiegelt, die oben beschriebenen Übertragungsdispositionen sich einer Bearbeitung als Widerstände entziehen. Der Klient könnte tatsächlich einwenden, daß der Therapeut in einer Situation hart und versagend, was spezifische Frustrationen auf Seiten des Klienten (Straftäter) hervorruft, in einer anderen Situation dagegen unterstützend und wohlwollend reagiert, unter dem Druck einer verzerrten Partialwahrnehmung als „Gut" und „Böse" empfunden wird, was den Spaltungsvorgängen des Klienten entgegenkommt und insofern kontraindikativ wirkt. Ein Ausweg aus diesem Schwarz-Weiß-Dilemma in der Wahrnehmung des Klienten bietet daher eine neutrale, gleichbleibende Aufmerksamkeit des Therapeuten im Sinne einer unumstößlichen Autorität, welche so viel Nähe wie nötig und so viel Distanz wie möglich verkörpert und zuläßt.

Alles in Allem überwiegen jedoch die therapeutischen und sozialpädagogischen Vorzüge einer streng regulierenden und strukturierenden Betreuung angesichts der Schwere ihrer Syndrome und der destruktiven psychischen Dynamik, die von antisozialen Persönlichkeiten ausgeht und alternative, sanftere und empathischere Formen der Therapie und Betreuung in Frage stellen. Aus Sicht der Korrespondenztheorie sollte der Umgang einen festen Rahmen bilden, in dem der professionelle Helfer oder Therapeut als autoritätssichere Bezugsperson auftritt, der im Sinne einer „Vaterfigur" oder eines Über-Ich-Ideals dem Klienten die Möglichkeit eröffnet, seine negativen Erfahrungen zu erinnern und sie in der neuen

Beziehung zu modifizieren. Hierbei darf er die Erfahrung machen, daß der Therapeut, trotz seiner distanzierten Haltung, dennoch die „haltende und sichere Bezugsbasis" darstellt.

Aus kompensationstheoretischer Sicht würde sich der Therapeut in seiner unumstößlichen Autorität als Ersatz für Bindungspersonen verstehen, mit der sich der Klient durchaus identifizieren darf. Die starke Identifikation mit positiv besetzten Autoritätspersonen die vom Klienten als solche anerkannt werden, wirkt kompensatorisch für diejenigen fehlenden oder dysfunktionalen Bindungserfahrungen, denen er bisher ausgesetzt war.

Hinsichtlich der Prognose schwer persönlichkeitsgestörter Straftäter und hier insbesondere solchen, denen eine Antisoziale- oder Borderline – Persönlichkeitsstörung auf antisozialem Niveau nachgewiesen wurde, sind nach Auffassung Kernbergs fünf Punkte wesentlich:

- Die Charakterpathologie des Klienten, die sich jedoch bei Straftätern, die unter dem Raster eines „Persönlichkeitstäters mit entsprechenden risikorelevanten charakterologischen Problembereichen" fallen, dürften die therapeutischen Aussichten ohnehin gering ausfallen,[8]
- Ausmaß und Qualität der Ich- Schwäche
- Ausmaß und Qualität der Pathologie des Über- Ich
- Die Qualität der Objektbeziehungen
- Persönlichkeit und Können des Therapeuten. [9]

Aufgrund des bisher Gesagten wäre es wünschenswert, wenn künftig sozial- und psychotherapeutische Maßnahmen den Zusammenhang von frühen Bindungserfahrungen, das pathologische Ausmaß ihrer internalisierten inneren Erfahrungsmodelle sowie die hieraus resultierenden Persönlichkeitsstörungen von Gewalt- und Wiederholungstätern berücksichtigen würden. Dies würde nicht nur ein tieferes Verständnis der Dynamik von Übertragungs- und Gegenübertragungsprozessen ermöglichen, sondern darüber hinaus auch diejenigen biographischen Faktoren aufzeigen, deren Aufarbeitung erst längerfristige Veränderungsprozesse im Sinne neu zu erlernender innerer Verhaltensmodelle einleiten. Darüber hinaus lassen sich ebenso Rückschlüsse auf Rückfallrisiko und Therapiefähigkeit besonders schwer gestörter Gewaltdelikter ziehen.

Anmerkungen

1   Foerster, Manfred J.: Zum Umgang mit Sexual- und Gewaltdelinquenten in der Straffälligenhilfe aus Sicht der Objektbeziehungs- und Bindungstheorie, Bewährungshilfe Soziales- Strafrecht- Kriminalpolitik 2003/ Heft 3

2 Derselbe : Die antisoziale Persönlichkeit im Strafvollzug dargestellt an der Person des Hannibal Lecter aus dem Film „Das Schweigen der Lämmer", Vortrag in der Hessischen Justizvollzugsschule Wiesbaden, 15.5.2012, veröffentlicht in: Sozialwissenschaftliche Literatur Rundschau, Zeitschrift für Sozialarbeit, Sozialpädagogik, Sozialpolitik und Gesellschaftspolitik, 2013 / Heft 67

3   Derselbe: Frühe Traumatisierungen und Delinquenz- der Täter als Opfer seiner Biographie. Zur Wirklichkeit früher Traumatisierungen im Kontext der Straffälligenhilfe (Ursachen- Auswirkungen- Perspektiven) Neue Praxis, Heft 4 /2005

4 Van I.Jzendoorn u.a.: Attachment representations of personality disordered criminal offenders A mj orther- psychiatry, 1997, S.67

5 Fonagy u.a.: zitiert in Ross/Pfäfflin: Bindungsstile von gefährlichen Straftätern, in: Persönlichkeitsstörungen Theorie und Therapie, Heft 1 /1998

6   Foerster, Manfred J. : Persönlichkeitstäter und Hoch- Risiko- Phantasien als handlungsrelevante Syndrome zu Gewalt- und Sexualdelikten- Kriminalpsychologische Überlegungen zur seelischen Topographie von Sexual- und Gewaltdelikten und zu prognostischen Bedeutung „Risikorelevanter Problembereiche". Veröffentlicht auf dem Ilias-Schreibtisch 2014

7 Derselbe:

8 Ebenda

9 zitiert nach Kernberg: in: Foerster, Manfred J.: Frühe Traumatisierungen und Delinquenz-der Täter als Opfer seiner Biographie. Zur Wirklichkeit früher Traumatisierungen im Kontext der Straffälligenhilfe (Ursachen- Auswirkungen- Perspektiven), in: Neue Praxis Zeitschrift für Sozialarbeit- Sozialpädagogik- und Sozialpolitik, 2005, Heft 4

Literaturverzeichnis

Bowlby, John W. : Verlust, (orig. Loss 1980)

Derselbe: Frühe Bindung und kindliche Entwicklung, 1999

Endres und Hauser (Hrsg.) Bindungstheorie in der Psychotherapie, 2000

Ferenczi, Sandor: Sprachverwirrung zwischen dem Erwachsenen und dem Kind. Schriften zur Psychoanalyse Bd. II 1938 Bausteine zur Psychoanalyse

Foerster, Manfred J.: Die antisoziale Persönlichkeit im Strafvollzug Dargestellt an der Person des Hannibal Lecter aus dem Film „Das Schweigen der Lämmer", In: Forum Strafvollzug, 2013, Heft 3

Derselbe: Psychische Verlaufsphasen zu sexualpathologischen Tötungsdelikten, veröffentlicht auf dem Ilias Schreibtisch der Johannes Gutenberg Universität Mainz, Fachbereich Erziehungswissenschaften: Sozialisations- und Entwicklungstheorien, 2013

Grossman: Entwicklung von Bindungsqualität und Beziehungsrepräsentation. In: Endres und Hauser (Hrgb.): Bindungstheorie in der Psychotherapie, 2000

Kernberg, Otto F.: Borderline Störungen und pathologischer Narzißmus, 1975

Derselbe: Die narzißtische Persönlichkeit und ihre Beziehung zu antisozialem Verhalten und zu Perversionen. In: Persönlichkeitsstörungen, Theorie und Therapie, 2001, Heft 3

Miller, Alice: Das Drama des begabten Kindes, 1993

Rauchfleisch, Udo: Begleitung und Therapie straffälliger Menschen, 2008

Derselbe: Ambulante Psychotherapie von Straffälligen. In: Persönlichkeitsstörungen Theorie und Therapie, 1997, Heft 4

Ross und Pfäfflin: Bindungsstile von gefährlichen Straftätern. In:

Persönlichkeitsstörungen Theorie und Therapie, 2001, Heft 2

Sachsse, U.: Distress Systeme des Menschen. In: Persönlichkeitsstörungen Theorie und Therapie, 2003, Heft 1

Saß, Henning:Gewaltkriminalität und Persönlichkeitsstörungen. In:

Persönlichkeitsstörungen Theorie und Therapie, Sonderband 2002

Van Ijzendoorn u.a.: Attachment reprentations in mother, fahters, adolescents and clinic groups; a meta-analytic search for normative data, J. Consult Clin Psychol 64, 1996

Winnicott, Donald, W: Vom Spiel zur Kreativität, 1995

II. Borderline-Persönlichkeitsstörung Ursachen – Erscheinungsbild

Einleitung

Der Begriff „Borderline- Persönlichkeitsstörung" bezeichnet eine psychische Erkrankung, die sich in einem Grenzgebiet zwischen neurotischen und psychotischen Anteilen bewegt, mit unsystematisch wechselnder Dynamik und körperlicher und/oder seelischer Aktualität und die episodisch auftritt. Diese Krankheit betrifft in unserer postmodernen Zeit vor allem junge Erwachsene und/oder auch Jugendliche. Die Störung macht sich vor allem innerhalb mitmenschlicher Beziehungen in negativer und belastender Weise bemerkbar und insofern handelt es sich um eine ernsthafte Beziehungserkrankung. Sie ist vor allem durch eine Instabilität zwischenmenschlicher Beziehungen und einen hohen Grad an Verletzlichkeit des Selbstbildes, bzw. des Selbstbewußtseins des Betroffenen gekennzeichnet, verbunden mit einer äußerst fragilen Persönlichkeitsstruktur und erheblichen Defiziten seiner Ich-Funktionen, wie bspw. planvolles Handeln, Lernen aus Erfahrung, Impulskontrolle und Frustrationstoleranz, sowie die Fähigkeit außerhalb existierende Objekte ganzheitlich wahrzunehmen.

Statistisch, bzw. empirisch betrachtet sind die überwiegenden Borderline- Patienten weiblich, was aber offensichtlich damit zusammenhängt, daß betroffene Frauen sich - eher als Männer- einer entsprechenden Therapie zuwenden und infolgedessen als Borderline- Persönlichkeiten diagnostiziert werden und somit statistisch in Erscheinung treten. Während der Gesamtanteil von Borderliner- Persönlichkeiten in der Gesamtbevölkerung bei etwa 3,5, % liegt, wobei von einer gewissen Dunkelziffer ausgegangen werden muß, liegt der Anteil männlicher Straftäter mit Borderline- Syndromen nach Schätzungen von Vollzugsexperten ungleich höher, nämlich bei ca. 35- 40%. Dies hängt offensichtlich damit zusammen, daß männliche Borderliner ihre Krankheit in der Regel nach außen exkulpieren, d.h. durch entsprechende Handlungen ausagieren, die strafrechtliche Konsequenzen nach sich ziehen. Frauen hingegen leben ihre Störung überwiegend passiv nach „innen" aus, etwa durch Eßstörungen, suizidalen Tendenzen, Suchtverhalten und möglicherweise Promiskuität. Sie laufen somit weniger Gefahr mit dem Strafrecht in Berührung zu kommen als ihre männlichen Leidensgenossen. Dieser relativ hohe Anteil an borderlinegestörten Straftätern zeigt den Grad der psychischen und physischen Belastung, welche professionelle Mitarbeiterinnen und Mitarbeiter in Strafvollzug und Bewährungshilfe im Umgang mit dieser schwierigen Klientel ausgesetzt sind. Demzufolge sind daher spezifische Standards der mitmenschlichen Kommunikation im Kontakt mit diesen Menschen von Seiten der Betreuer, und des Vollzugspersonals zu beachten um nicht ungewollt deren Störungsrepertoire zu verstärken oder „Opfer" ihrer holzschnittartigen „schwarz- weiß" Wahrnehmung und ihres bizarren Agierens zu werden. Borderline neigen dazu, ihre inneren, ungelösten und von ihnen selbst nicht bewußten seelischen Konflikte nach außen zu projizieren und ihre Mitmenschen als Darsteller ihrer inneren seelischen Dramen zu benutzen. Die soziale Umwelt stellt für sie die Bühne dar, auf der sie ihre Konflikte inszenieren und ihre unmittelbaren Bezugspartner werden zur scheinbaren „Lösung" dieser Konflikte als Darsteller mißbraucht. Diesen psychischen Vorgang muß man erkennen um entsprechend distanziert und durch Vermittlung unumstößlicher Regeln darauf reagieren zu können. So ist bspw. eine allzu große Sympathie oder emotionale und/oder körperliche Nähe zu Borderline gestörten Patienten oder Straftätern unangebracht, da diese Angst vor Nähe haben, wenngleich die Suche nach Nähe im Sinne eines Festhaltens um jeden Preis auch zu ihrem höchst ambivalenten Verhaltensrepertoire gehört. Borderliner verhalten sich ihren Bezugspartnern gegenüber nach dem Motto: „ich hasse Dich, verlaß mich nicht". Damit sind zwischenmenschliche Konflikte und Streßsituationen bereits vorprogrammiert. Die sprichwörtliche Angst vor Nähe resultiert aus den traumatischen Erfahrungen, die Borderline- Persönlichkeiten in ihrer frühen Biographie mit ihren engsten Bezugspersonen (zumeist die elterlichen Bezugspersonen) gemacht haben und die Auslöser für die Persönlichkeitsstörung waren. Die Inszenierung seelischer Konflikte in die Außenwelt stellt für den Borderliner der unbewußte und insofern auch aussichtloser Versuch dar, seine eigene fragile Ich-Identität in Balance zu halten, da ihm aufgrund biographischer Traumatisierungen die psychisch und physisch stabilen Strategien von reifen Formen der Abwehrmechanismen verwehrt sind, beziehungsweise er sie gar nicht anwenden kann. So fehlt ihm bspw. zur Bewältigung seiner Aggressionsimpulse das Mittel der Sublimierung oder positiven Reaktionsbildung als gesunde und reife Abwehrmechanismen, die solche aggressiven Tendenzen in sozial wünschenswerte Aktivitäten überleiten helfen.

Im Folgenden sollen die wesentlichen deskriptiven, d.h. die beobachtbaren Symptome einer Borderline-Persönlichkeit dargestellt werden, die das Leben dieser Menschen in außerordentlicher Weise negativ beeinflussen und sich im täglichen Umgang mit ihnen störend und belastend auswirken. Symptome sind diagnostische Verdachtsmomente und einzeln betrachtet, zu einer Diagnostik noch nicht ausreichend. Dennoch können sie sich bspw. unter den eingeschränkten Bedingungen eines geschlossenen Strafvollzuges oder im Rahmen einer stationären Therapie gleichermaßen belastend für das therapeutische Personal im täglichen Umgang mit diesen Klienten auswirken.

Anmerkungen zur psychischen Struktur der Borderline- Persönlichkeitsstörung

Das Borderline-Syndrom manifestiert sich in unterschiedlicher Weise je nach der Persönlichkeitsstruktur, welche ihm zugrunde liegt. Das Erscheinungsbild dieser Krankheit ist außerdem abhängig vom Stadium der Erkrankung und der damit verbundenen Intensität und Dauerhaftigkeit der Symptome. Es gibt „borderline-verdächtige" Symptome, deren gehäuftes Auftreten eine entsprechende Diagnose nahelegt, ohne daß diese Symptome jedoch für die Borderline- Persönlichkeitsstörung ausschließlich typisch wären (bspw. hochriskante Sexualpraktiken, Eßstörungen, depressive Zustände). Die einzelnen Krankheitserscheinungen können einer beständigen Fluktuation unterliegen. Borderline- Patienten können insbesondere auch vorübergehend die charakteristischen Merkmale einer psychotischen Episode aufweisen (sogenannte Minipsychosen). In den meisten Fällen korrespondieren impulsives Agieren in episodischer oder chronischer Form häufig mit autodestruktiven Handlungen oder Folgen. Intensive Affekte vorwiegend in Form von Feindseligkeit oder Depression bestimmen in Kombination mit Depersonalisation und weitgehender Genußunfähigkeit („Anhedonie") die Erlebniswelt des Borderliners. Hiermit ist auch die sogenannte „innere Leere" und /oder „chronische Langeweile" des Patienten gemeint, als ein dauerhafter auftretender psychischer Zustand. Die zwischenmenschlichen Beziehungen schwanken einerseits zwischen oberflächlichen, punktuellen und unverbindlichen Kontakten, die oftmals auf ein narzißtisches Syndrom im Krankheitsbild des Borderliner hinweisen und andererseits klammernd-abhängigen Beziehungen nach dem Motto: „ich hasse Dich, verlaß mich nicht". Borderline-Patienten zeigen innerhalb therapeutischer Beziehungen ein charakteristisches Verhalten, welches durchgängig durch Spaltungsvorgänge und Projektionen der eigenen Innenwelt auf den Therapeuten gekennzeichnet ist und dem unablässigen Versuch, die Therapeuten oder das Behandlungspersonal in entweder gut oder böse zu spalten, je nachdem an welche biographischen Erfahrungen sie erinnern.

Sicher ist, daß die Ursachen der Borderline- Persönlichkeitsstörung von verschiedenen Faktoren beeinflußt werden. Man kann deshalb auch nicht davon ausgehen, daß eine Ursache für sich alleine genommen, unbedingt zu einer derartigen Störung führt.

Inzwischen gilt als klinisch- empirisch gesichert, daß sexueller Mißbrauch sowie permanente Gewalterfahrungen im eigenen familiären Umfeld zu den wesentlichen Ursachen zur Ausbildung einer Borderline- Persönlichkeitsstörung zählen. Dies bedeutet jedoch nicht, daß jedes Kind, welches diese Traumatisierungen erleidet, an einer Borderline- Störung erkrankt. Offensichtlich müssen hier weitere genetische Faktoren in Betracht gezogen werden. Von erheblicher Bedeutung scheint bspw. das Alter des Kindes zu sein, in dem der Mißbrauch stattfindet, und ob es daneben noch stützende Faktoren gibt, welche die Mißbrauchsfolgen abmildern. Gleichermaßen müssen auch psychische und physische Vernachlässigung im Sinne der Verletzung elementarer Bedürfnisse des Kindes als gravierende Ursachen gesehen werden. Darüber hinaus können auch Formen des psychischen Mißbrauchs, etwa narzißtische Projektionen, Übertragung partnerschaftlicher Rollen auf das Kind zur Genese der Borderline-Persönlichkeitsstörung beitragen (Mutter mißbraucht ihren Sohn als emotionalen Partnerersatz, von Seiten des Sohnes bildet sich eine libidinöse / inzestuöse Beziehung zur Mutter heraus, die in negativer Weise das „Bild des Weiblichen" hinsichtlich der psychosexuellen Entwicklung des Kindes beeinträchtigen kann). Häufig sind es jene unglücklichen Erfahrungen in der Kindheit, die mit einem hohen Traumatisierungseffekt einhergegangen sind und da keine Korrekturen oder anderweitige psychischen Ressourcen vorgelegen haben, zu dieser psychischen Erkrankung geführt haben. Dies können u.a. im Einzelfall Trennung oder Scheidung der Eltern, Unterbringung des Kindes in Pflegeheimen sowie eine höchst unsicher vermeidende Beziehung sein, bei der die Eltern nicht in der Lage waren, die Gefühle und Bedürfnisse des Kindes empathisch nachzuvollziehen.

Offensichtlich besteht ein Zusammenhang zwischen unsicher ambivalenten Bindungserfahrungen während der frühkindlichen Entwicklung in der oralen Phase. Wodurch sich ein aggressiv getönter oraler Kernkonflikt herausbilden kann, der späterhin Suchttendenzen verstärkt. Durch die permanente Vernachlässigung körperlicher Bedürfnisse nach Nahrung, Wärme und Zuneigung kann sich auf Dauer die für Borderliner typische frei flottierende oder diffuse Angst einstellen, welche der Säugling als bedrohliche

„Vernichtungsangst empfindet und die als zentrales psychisches Syndrom der Krankheit angesehen werden kann. Da diese Angstsituationen tief im Unbewußten des Kindes eingelagert sind, versucht der spätere erwachsene Borderliner Ereignisse und / oder Objekte der Außenwelt, in der Regel andere Personen (im Sinne von „flash- back" Erlebnisse), welche ihn an entsprechende traumatisierende Erfahrungen aus seiner Kindheit erinnern, durch den Abwehrmechanismus der Spaltung oder durch Reaktionsbildung zu „entängstigen". Damit hofft er, in der für ihn vermeintlich bedrohlichen Situation sein eigenes fragiles Selbstkonzept zu retten, Gewissermaßen „Herr der Situation" zu bleiben. Hierbei kommt es dann in der Regel zu agierendem Verhalten, was für Außenstehende völlig unverständlich erscheint.

Leiden die elterlichen Bezugspersonen unter Persönlichkeitsstörungen, zu deren Kompensation sie das Kind unbewußt als projektive Übertragungsfigur mißbrauchen, so findet oftmals eine transgenerationale Weitergabe dieser Störungen auf das Kind statt. Als klinisch empirisch gesichert gilt indes, daß die Ursachen der Erkrankung hauptsächlich im familiären Umfeld liegen und durch traumatisierende, vernachlässigende und deprivierende dauerhafte Ereignisse ausgelöst werden.

Eine weitere Ursache für die Krankheit liegt nach M. Mahler in der Disparität mütterlichen Verhaltens während der Ablösungs- und Wiederannäherungsphase des Kleinkindes während der dritten Bindungsphase. Wenn die mütterliche Bezugsperson den entwicklungspsychologisch bedeutsamen Ablösungsprozeß des Kindes mit narzißtischer Kränkung begegnet, so entstehen beim Kind Schuld- und Schamgefühle die eine Entfaltung der Persönlichkeit und das Bestreben nach Autonomie verhindern und zu einer Unterdrückung der eigenen Affekte führt. Dies hat zur Folge, daß das Kind auch nicht in die Lage versetzt wird, seine nähere und unmittelbare Umgebung in der Weise zu erkunden, die für seine emotionale und kognitive Entwicklung förderlich ist.

Deskriptive Ebene der Diagnostik: die Symptome

Chronische, frei flottierende Angst

Wohl niemand ist frei von Angst. Sie ist überlebenswichtig. So gibt es Angst vor Krankheiten, Tod, körperlichen Verletzungen und vieles andere mehr. Bei Borderliner hingegen ist die Angst diffus, ohne an bestimmte Erwartungen oder Ereignissen geknüpft zu sein. Sie einfach da, durchgängig und lebensbestimmend. Birger Dulz bezeichnet die diffuse oder frei flottierende Angst als das eigentliche Grundphänomen der Borderline- Persönlichkeitsstörung. Trotzdem versucht der Borderliner sie hinter einer scheinbar unverletzlichen Fassade zu verbergen. Der Borderliner betont daher oft, daß er vor niemanden und nichts Angst hat. Zur Reduzierung dieser diffusen Angst greifen Borderliner auf den primitiven Abwehrmechanismus der Spaltung zurück, mit deren Hilfe sie die Objekte ihrer Umwelt in ein schwarz- weiß Schema des entweder Gut oder Böse einordnen um so die Objekte und die Situation zu kontrollieren. Dies geht nun bei bestimmten psychischen Konstellationen männlicher Straftäter (Täter mit hohem Aggressionspotential, Disparität von Testosteron und Serotonin), die selber Gewalterfahrung seit ihrer frühesten Kindheit gemacht haben, mit Gewalt und Aggression gegen Objekte der Außenwelt einher. Sie setzen Gewalt und aggressive Verhaltensweisen ein, um ihr Gegenüber und die Situation zu kontrollieren und damit ihre Angst zu reduzieren. Die Angst des Borderliners kann sich auch darin ausdrücken, daß er bestimmte Situationen oder Aufgaben meidet, bzw. systematisch an ihm gestellte Aufgaben scheitert, weil er vor der Bewältigung dieser Aufgabe zurückschreckt. In diesem Fall hätten wir es mit einer Verschiebung der ursprünglichen diffusen Angst zu tun, als Entlastung des eigenen Ichs: „Ich habe es ja versucht, aber es gelingt mir nicht, also brauche ich mir die diffuse Angst nicht einzugestehen". In gewisser Weise ist dann die Angst beherrschbar, d.h. sie ist auf konkrete Phänomene bezogen gegenständlich geworden. Ein weiterer Versuch, diese Angst zu beherrschen besteht darin, sich auf reale Gefahrensituationen einzulassen, etwa durch hochriskante Sexualpraktiken, selbstgefährdende Aktionen wie suizidale Tendenzen, Sucht- und Selbstverletzungsverhalten, unter Umständen auch riskantes Autofahren. Hierdurch wird der Versuch unternommen, die diffuse Angst zu „materialisieren" indem der Borderliner sie auf konkrete Situationen bezieht, die er glaubt zu beherrschen. Der hierdurch entstehende Entlastungseffekt von der diffusen Angst ist, wenn auch nur vorübergehend, erreicht.

Starkes/verzweifeltes Bemühen, tatsächliches oder vermutetes Verlassenwerden zu verhindern

Die Beziehungsgestaltung oszilliert zwischen Haß und Suche nach Halt und Nähe, bei gleichzeitiger Vermeidung allzu großer Nähe und Empathie von Seiten des Partners. Motto: „Ich hasse dich, verlaß mich nicht". Die Ursache solchen Verhaltens liegt wahrscheinlich u.a. auch in den unsicheren Bindungserfahrungen (unsicher vermeidende Bindung) während der frühkindlichen Erziehungssituation, in denen Verlassenheitsgefühle des Kindes bestärkt wurden. Dies bedeutet aber auch, daß der Borderliner in der Regel keine Nähe ertragen kann oder zumindest nahen Beziehungen mit Mißtrauen und Angst begegnet. Der Grund hierzu liegt in seiner Biographie, wo er gerade im intimen Bereich der Herkunftsfamilie Nähe zumeist unter bedrohliche und traumatisierende Situationen erlebt hat. Insofern treten diese Störungsfaktoren überwiegend innerhalb von Nahbeziehungen oder unter Streßbedingungen auf. Mitunter belasten sie auch therapeutischer Beziehungen in Form von Verlassenheitsängsten und / oder einer projektiven „Übertragungsliebe" auf den Therapeuten.

Zwangssymptome

Hierbei können Zwänge aller Art vorkommen. Sie werden von Borderline- Persönlichkeiten eingesetzt, um einen Mangel an innerer Struktur (Ich-Schwäche) durch eine äußere Struktur zu ersetzen. So schneiden sich manche Borderliner, um sich überhaupt ihre Identität wahrzunehmen. Häufig versuchen Borderliner mit einem rational begründeten System von Erklärungen ihre Zwänge zu rechtfertigen (beispielsweise Waschzwang: „ich könnte mich ja infizieren"). Zwangssymptome treten häufig im Sinne paranoider Vorstellungen und Ängsten auf und gelten deshalb als vorübergehende psychotische Episoden.

Dissoziative Reaktionen

Hierunter sind hysterische Dämmerzustände und Anamnesen gemeint, wenn diese mit Bewußtseinsstörungen einhergehen. Damit verbunden sind oftmals bizarre Handlungen, die manchmal als Traum- oder Dämmerzustand beschrieben werden.

Konversionssymptome

Konversionssymptome sind körperliche Beschwerden, wie Kopfschmerzen, Übelkeit, Magen-Darmprobleme, die aus medizinischer Sicht nicht auf organische Mängel oder Erkrankungen zurückzuführen sind. Vielmehr sind sie Ausdruck der jeweiligen seelischen Zustände mit denen sie häufig synchronisierend wechseln. Darüber hinaus kann es sich auch um ein unbewußtes Signal handeln, um die Aufmerksamkeit von Seiten einer bestimmten Bezugsperson, Therapeut, Vollzugsbediensteter etc. zu erlangen („kümmert euch um mich, ich gehe sonst zugrunde").

Multiple Phobien

Sie werden dann zum Problem, wenn sie dem Betroffenen schwerwiegende soziale Beschränkungen auferlegen. Sie rangieren psychisch nahe an Zwangsneurosen, welche die Entfaltungsmöglichkeit der gesamten Persönlichkeit wesentlich einschränken.

Depression

Die Borderline typische Depression ist nicht an gewisse äußere Ereignisse gebunden (extrinsische oder exogene Depression, etwa zu Traueranlässen etc.) oder durch innere, hirnorganische oder stoffwechselmäßige Störungen verursacht (intrinsische oder endogene Depression). Sie ist einfach da und hinterläßt bei dem Betroffenen ein Gefühl innerer Leere und sogenannter chronischer Langeweile. Es liegen sowohl von den äußeren Umständen als auch von der organischen Beschaffenheit keine konkreten Anlässe vor. Die Depression des Borderliners hängt auch damit zusammen, daß dessen Ich- Struktur unklar und fragil ist, er auch selten in der Lage ist, sich selbst zu motivieren um vorhandene kreative Ressourcen in Krisensituationen abzurufen. Die situativ auftretenden Depressionen sind häufig Anlässe für Fehldiagnosen, welche die eigentliche Borderline Persönlichkeitsstörung außer Acht lassen.

Verlust der Impulskontrolle

Der Verlust der Impulskontrolle kann jedes menschliche Verhalten betreffen, so auch bspw. Drogenmißbrauch, exzessives Geldausgeben und damit verbundenes Konsumverhalten, Spielsucht, riskantes Autofahren, und sogenannte „Freßattacken". Manche Drogenabhängige, darunter auch Straftäter mit einer zugrundeliegenden Borderline- Struktur werden als solche nicht erkannt und entsprechend therapiert, da vordergründig das Suchtverhalten im Zentrum sozialtherapeutischer Bemühungen steht. Diese sind in erster Linie auf Verhaltensänderungen bedacht, etwa die Einhaltung fester Regeln, bestimmte Dinge am Tag zu erledigen. Diese auf Verhaltensänderung gerichteten Direktiven können aber je nach psychischem Zustand des Betroffenen Angstzustände auslösen, die das Krankheitsbild verstärken. Insofern stellt sich die Frage, ob die Regeln des Strafvollzuges eben für die Straftäter mit Borderline-Persönlichkeitsstörungen verstärkend auf das Krankheitsbild wirken. Da aber aus strafrechtlichen Gründen eine Freiheitsstrafe unumgänglich ist, kann der Aufenthalt im Vollzug zumindest eine „haltende Funktion" bieten, die möglicherweise stabilisierend im Sinne eines ausgleichenden psychischen Moratoriums wirkt, vorausgesetzt die üblichen Standards des Umganges mit diesen Borderline- Persönlichkeiten werden von Seiten des Vollzugspersonals beachtet. Von daher ist die Einforderung spezifischer Vollzugsregeln verbunden mit aggressiven und provokativen Begleiterscheinungen zu vermeiden. Statt dessen sollten sie mit einer sachlichen und wertneutralen Haltung und Kommunikation dem Gefangenen vermittelt werden.

Polymorph- perverse Sexualität

Hierunter fallen jene Patienten, bei denen mehrere perverse Züge gleichzeitig existieren. Bspw. die Promiskuität von homosexuellen und heterosexuellen Praktiken mit pervers sadistischen Elementen. Ebenso gilt dies für die sogenannte Pansexualität, bei Patienten, deren Sexualverhalten total gehemmt ist und deren bewußte Phantasien, vor allem die Masturbationsphantasien, multiple perverse Inhalte aufweisen, von denen ausschließlich die sexuelle Befriedigung abhängt. Je chaotischer und multipler die perversen Phantasien und Handlungen und je instabiler die Objektbeziehungen sind, die sich mit diesen Interaktionen verbinden, je eher muß das Vorliegen einer Borderline- Persönlichkeitsstruktur in Betracht gezogen werden. Hingegen fallen Patienten mit einer stabilen sexuellen Devianz, vor allem wenn diese in stabile Objektbeziehungen eingebettet ist, nicht unter dieser Diagnostik.

Delinquenz

Straftaten im Sinne des Strafgesetzbuches sind bei schwer gestörten Borderlinern häufig. anzutreffen. Hierbei handelt es sich zumeist um Kleinkriminalität und wiederholte

Rückfälligkeit in diesen Segmenten. Laut Fachliteratur muß ein solches Verhalten in prognostischer Hinsicht in Bezug auf Rückfall oder Therapiefähigkeit ungünstig gewertet werden. Patienten mit delinquentem Verhalten werden nach ihrer Entlassung häufiger rückfällig, auch wenn sie während der Therapie, die außerhalb des Strafvollzuges stattfand kein delinquentes Verhalten gezeigt haben.

Antisoziale Persönlichkeit

Antisoziales Verhalten ist häufig als ein Symptom der Borderline –Persönlichkeitsstörung zu sehen und deshalb kein Ausschlußkriterium. Kernberg zufolge ist bei allen diagnostizierten antisozialen Persönlichkeiten (Straftäter) auch eine Borderline- Basisstruktur der Persönlichkeit festzustellen. Bei extremen, komplexen und hoch gefährlichen Straftätern etwa Gewalt- und Sexualdelikten liegen zudem oftmals maligne narzißtische Basisanteile ihrer schwer gestörten Persönlichkeit vor. Bei Borderline- Patienten, bzw. bei Straftätern mit erheblicher antisozialer Persönlichkeitsstruktur finden sich in deren Profil überwiegend die Merkmale einer „Antisozialen Persönlichkeit" nach dem DSM-IV.

Störungen der Denk- und Assoziationsprozeße

Hierunter werden diagnostiziert: Charakteristische Anzeichen für primär prozeßhaftes Denken, Störungen der Gedankenkontinuität und des zielgerichteten Denkens, Störungen des Gedankenflusses, Störungen der Bewußtheit, Aufmerksamkeit, Antizipation und Konzentration sowie Schwäche im Prozeß der Begriffsbildung.

Inhaltliche Störungen des Denkens und der Assoziationen

Kognitive und kommunikative Inhalte werden von stereotypischen und anachronistischen Begriffen und Einstellungen beherrscht. Ebenso wie verzerrte Vorstellungen über das eigene Selbst, des Körper -Imago, der Welt und ihre Objekte und der Beziehung zwischen ihnen. Diese Störungen äußern sich darüber hinaus durch rigide und verzerrte Vorstellungen über die Bedeutung und den Gebrauch von Intellekt, Gefühl und Verhalten, fernerhin chaotische Vorstellungen über Sexualität. Diese Vorstellungen sind Rohde – Dachser zufolge, immer auch Anzeichen eines sehr hohen Angstpegels und treten mit zunehmender Entängstigung in den Hintergrund. Sie sind dann Anzeichen für eine Borderline- Störung wenn sie dauerhaft die Beziehungen zur Welt der Objekte, d.h. zu den Mitmenschen und zum eigenen Selbst beeinflussen, ohne jedoch das Ausmaß typisch schizophrener Denkstörungen anzunehmen.

Klassifikation nach dem Diagnostischen Statistischen Manual psychischer Erkrankungen (DSM Cluster IV)

Ein weiteres Klassifikationssystem zur Einordnung der Antisozialen Persönlichkeitsstörung ist das DSM (Diagnostisches Statistisches Manual psychischer Erkrankungen Cluster IV: Borderline- Störungen; Narzißtische Persönlichkeitsstörungen und Antisoziale Persönlichkeitsstörungen). Dieses definiert die Borderline- Persönlichkeitsstörung als ein tiefgreifendes Muster von Instabilität in zwischenmenschlichen Beziehungen, im Selbstbild und in den Affekten sowie von deutlicher Impulsivität. Um nach den Kriterien dieses Systems von einer Borderline- Persönlichkeitsstörung zu sprechen, müssen bei der betroffenen Person mindestens fünf der nachfolgenden Kriterien dauerhaft erfüllt sein:

- Starkes/verzweifeltes Bemühen, tatsächliches oder vermutetes Verlassenwerden zu vermeiden
- ein Muster instabiler, aber intensiver zwischenmenschlicher Beziehungen, das durch einen Wechsel zwischen den Extremen der Idealisierung und Entwertung gekennzeichnet ist
- Identitätsstörung: ausgeprägte und andauernde Instabilität des Selbstbildes oder der Selbstwahrnehmung
- Impulsivität in mindestens zwei potentiell selbständigen Aktivitäten (zum Beispiel Sexualität, Geldausgaben, extreme Nahrungsaufnahme)
- wiederholte suizidale Handlungen, Selbsttötungsandeutungen oder Drohungen, Suizid zu begehen, auch aus Gründen der Erpressung, und/oder selbstverletzendes Verhalten
- Affektive Instabilität infolge einer ausgeprägten Reaktivität der Stimmung
- chronische Gefühle von Leere und Langeweile
- unangemessene, heftige Wut oder Schwierigkeiten, die Wut zu kontrollieren, häufige Wutausbrüche
- vorübergehende, durch Belastungen ausgelöste paranoide Vorstellungen oder schwere dissoziative Symptome.

Abwehrmechanismen gelten als notwendige Strategien, die ein psychisches Überleben sichern. Insofern ist deren Gebrauch kein Anzeichen für psychisch normale oder psychisch kranke, bzw. abnorme Zustände. In Momenten seelischer Belastung reagieren Menschen mit einer gesunden seelischen Entwicklung mit sogenannten reifen Abwehrmechanismen wie Sublimierung und Verdrängung und nur in psychischen und sozialen Extremsituationen mit unreifen oder archaischen Abwehrmechanismen. Zu den Hauptabwehrmechanismen derer sich Borderliner bedienen zählt die Spaltung. Sie dient in erster Linie der Angstreduzierung und teilt in einem schwarz- weiß Schemata die Mitmenschen in entweder gut oder böse, jeweils so, wie die augenblickliche Situation von den Betroffenen wahrgenommen wird. So reicht es oftmals aus, daß bspw. bestimmte Gesten des Therapeuten den Klienten an seinen Vater erinnern, mit dem er traumatische Erfahrungen gemacht hat. Sodann wird der Betreffende als böse klassifiziert und eine ganzheitliche Wahrnehmung ist dem Borderliner in diesem Moment nicht mehr möglich. Dies hat zur Folge, daß er nicht nur den betreffenden Menschen nicht mehr realistisch wahrnehmen kann, sondern auch den Anforderungen der jeweiligen Situation nicht gewachsen ist. Das dies in eine Isolierung und zu selbstinszenierter Einsamkeit führt ist offenkundig und verstärkt die frei flottierende Angst in ihrer Grundproblematik. Um nun aber die gesamte Welt in eine Schublade stecken zu können, bedarf es weiterer psychischer Hilfskonstrukte in Form von primitiven Abwehrmechanismen wie die Idealisierung, die projektive Identifizierung, die Verleugnung, die Identifikation mit dem vermeintlichen Angreifer sowie die Abwertung und Omnipotenzgefühle. Diese können durchaus zeitgleich wirksam werden und dienen dazu, die Spaltung und somit die Angstreduzierung aufrecht zu erhalten. Letztlich verhelfen diese psychischen Strategien dem Borderliner dazu, seelisch zu überleben, welches mittels reiferer Formen nicht erreicht werden kann.

Formenkreis der Borderline- Störungen

Die Borderline- Persönlichkeitsstörung zeigt ein heterogenes Erscheinungsbild, das sich in verschiedenen Formenkreisen äußert, die zumeist in fließenden Übergängen wirken. Die Zuordnung der Störung zu einem bestimmten Formenkreis ist davon abhängig, welches Niveau die Krankheit dominiert.

Borderline- Störung auf hysterischem Niveau:

Multiple, ausdifferenzierte oder bizarre Konversionssymptome, Dämmerzustände, Tagträume bis hin zu einer multiplen Persönlichkeit.

Borderline- Störung auf phobischem Niveau:

Multiple Phobien mit der Folge einer schwerwiegenden sozialen Beschränkung, neben Phobien, die sich auf äußere Objekte richten auch auf den eigenen Körper und der eigenen Person bezogen.

Borderline- Störung auf zwangsneurotischem Niveau:

Ich-syntone Zwangshandlungen, der Grund hierfür ist der Versuch einer Spannungsreduktion über Zwangshandlungen.

Borderline- Störung auf depressivem Niveau:

Depressiver Affekt, verbunden mit ohnmächtiger Wut oder mit Gefühlen der Hilflosigkeit im Anschluß an den Zusammenbruch eines idealisierten Selbstbildes mit Autoaggression bis hin zu Suizidtendenzen.

Borderline- Störung auf angstneurotischem Niveau:

Chronische frei flottierende oder diffuse Angst mit im Vordergrund stehendem Abhängigkeits- Autonomie- Konflikt, verbunden mit Phantasien extremer Hilflosigkeit.

Borderline- Störungen auf narzißtischem Niveau:

Innere Leere; episodischer Verlust der Impulskontrolle als Versuch der Angstreduktion vorwiegend im Zusammenhang mit realen oder subjektiv empfundenen Kränkungen; Suizidalität als Ausdruck einer narzißtischen Krise aufgrund andauernder Kränkungen oder Verlust des sozialen Status, Drogenabusus (Droge als narzißtische Plombe, Ersatz, oder narzißtische „Lücke", wird durch Alkohol, Drogen etc. gefüllt); antisoziales Verhalten einschließlich Delinquenz im Sinne eines malignen Narzißmus, vorwiegend bei Gewalt- und Sexualdelikten und seriellen Tätern.

Borderline- Störungen auf psychosomatischem Niveau:

Psychosomatische Störungen, vorwiegend Eßstörungen, Verschiebung der psychischen Konflikte von der emotionalen Ebene auf körperliche Beschwerden.

Borderline- Störungen auf psychotischem Niveau:

Psychotische Symptome, die zumeist als Ich- dyston empfunden werden, wobei vor allem optische und akustische Pseudo-Halluzinationen bestehen, die aber auch als paranoide Symptomatik auftreten können, durch welche die diffuse Angst in eine auf bestimmte Objekte gerichtete Angst umgewandelt und hierdurch erträglicher erscheint und somit beherrschbar wird.

Borderline –Störungen auf antisozialem Niveau. Borderline Patienten die auf antisozialem Niveau agieren, neigen in Streßsituationen und innerhalb enger Beziehungen zu Ausbrüchen in Form verbaler und körperlicher Gewalt. Diese Gewalthandlungen stellen für sie Strategien dar, innere Spannungszustände abzubauen und Kontrolle über die Mitmenschen und über die für sie unerträgliche Situation zu erhalten. Nach Aussage des Schweizer Forensiker Udo Rauchfleisch sind Borderline-Straftäter mit antisozialem Niveau kaum therapierbar.

Zusammenfassung

Das vorherrschende psychische Thema bei Borderline- Persönlichkeiten ist die Reduzierung der stets gegenwärtigen frei flottierenden oder diffusen Angst. Eines der Mittel diese Angst zu bewältigen und damit die angstauslösenden Objekte der Umwelt zu beherrschen liegt in der Aggression, die als verbale und/oder körperliche Gewalt das Sozialverhalten des Borderliners durchzieht. Außerdem wechseln die verschiedenen Niveaus und die Grenzen sind hierbei fließend, so daß in der Praxis des täglichen Umganges mit dieser schwierigen Klientel, gerade unter den Bedingungen eines geschlossenen Strafvollzuges eine eindeutige Zuordnung nicht möglich ist.

Eine Borderline- Persönlichkeitsstörung entwickelt sich in einem bestimmten Familienklima innerhalb dessen es jedenfalls häufig und dauerhaft zu konkreten Traumatisierungen wie sexueller Mißbrauch, körperliche und/ oder psychische Gewalt kommt. Weitere Faktoren, wie beispielsweise die primäre Persönlichkeitsstruktur spielen zur Entstehung dieser Störung eine Rolle. Die Ebene der Ursachen, das sogenannte Familienklima kann durchaus genetisch bedingt sein und zwar im Sinne einer transgenerationalen Weitergabe elterlicher Persönlichkeitsstörungen und Defiziten im Sozial und -beziehungsbereich. Hiermit ist keine Vererbbarkeit im biologischen Sinn gemeint, die auch bislang nicht nachgewiesen ist.

Aus therapeutischer Sicht ist eine Borderline- Erkrankung nicht heilbar, hierzu müßten die Ursachen beseitigt werden, was schlechterdings nicht mehr möglich ist. In der Regel ist diese Krankheit aber gut therapierbar. Nach Aussage des Borderline- Experten und Therapeuten Birger Dulz gehört sie zu denjenigen psychischen Erkrankungen, welche einen hohen Therapiererfolg vorweisen. Auf der Symptomebene sind Erfolge bei entsprechender Therapie (etwa die behavioral- analytische Therapie) relativ häufig zu erzielen, hingegen auf der Beziehungsebene stellen sich die Erfolge eher selten ein. Allerdings ist zu vermuten, daß im Alltag des Borderliner auch dann die Beziehungsgestaltungen störungsfreier ablaufen, wenn die Symptome so therapiert sind, daß der Betroffene damit besser umgehen kann, d. h. mit anderen Worten, in der Lage ist, sie mittels positiver Strategien zu kompensieren. Andererseits gibt es Borderliner- Persönlichkeiten, die über längere Zeiträume oder sogar gänzlich ohne therapeutische Maßnahmen auskommen und ihre Krankheit im Alltag gut kompensieren können. In Krisensituationen können sich jedoch die Symptome durchaus verstärken, so daß vorübergehende therapeutische Maßnahmen angezeigt sind. Auch die Frage nach der Wirksamkeit ambulanter oder stationärer Therapien hängt vom Schweregrad der Krankheit ab, der umso dramatischer erscheint, je mehr und je häufiger psychotische Anteile in den einzelnen Symptomen auftreten.

„Borderliner zu sein, bedeutet im Sinne eines psychischen und letztlich auch körperlichen Überlebens, seine selbstunsichere und fragile Persönlichkeit zu stabilisieren um somit einer vollständigen Dekompensation und Depersonalisation und damit der Auflösung seiner Identität zu entgehen". (Der Autor)

Literaturverzeichnis

Dulz, Birger/ Schneider, Angela: Borderline Störungen Theorie und Therapie, Stuttgart/New York 1995

Dulz, Birger/ Jensen, Maren: Vom Trauma zur Aggression- von der Aggression zur Delinquenz. Einige Überlegungen zu Borderline-Störungen, in: Persönlichkeitsstörungen Theorie und Therapie 4/1997

Dulz, Birger: Wut oder Angst- welcher Affekt ist bei Borderlinern der zentrale?, in: Persönlichkeitsstörungen Theorie und Therapie, Stuttgart 1/1999

Dulz, Birger/ Lammers, Klaus Hinrich/ Röpke, Stefan: Selbstwert und Borderline-Persönlichkeitsstörung, in: Persönlichkeitsstörungen Theorie und Therapie, Stuttgart 2007

Eckert, Jochen/ Brodbeck, Dennis/ Jürgens, Regina/ Landschier, Natalie/ Reinhardt, Frauke: Borderline- Persönlichkeitsstörungen und Straffälligkeit- Warum sind Borderline- Patienten meistens weiblich? In: Persönlichkeitsstörungen Theorie und Therapie, Stuttgart 41997

Foerster, Manfred J.: Frühe Traumatisierungen und Delinquenz- Der Täter als Opfer seiner Biographie. Zur Wirklichkeit früher Traumatisierungen im Kontext der Straffälligenhilfe (Ursachen- Auswirkungen- Perspektiven), in: Neue Praxis Zeitschrift für Sozialarbeit, Sozialpädagogik und Sozialpolitik, Neuwied 2005, Heft 4

Derselbe: Frühe Bindungserfahrungen und antisoziale Persönlichkeitsstruktur bei Straftäter, Vorlesung im SS 2015 Johannes- Gutenberg-Universität Mainz, Fachbereich Erziehungswissenschaft.

Huber, Michaela: Multiple Persönlichkeiten Überlebende extremer Gewalt Ein Handbuch, Frankfurt/Main 1997

Kernberg, Otto F.: Borderline- Störungen und Pathologischer Narzißmus, Frankfurt/Main 1995

König, K. : *Übertragung und Gegenübertragung in der Therapie von Borderline- Patienten, in: Persönlichkeitsstörungen Theorie und Therapie, Stuttgart 1/1998*

Kreismann/Strauß: Ich hasse dich verlaß mich nicht Die schwarz weiße Welt der Borderline-Persönlichkeit, München 1992

Rauchfleisch, Udo: Begleitung und Therapie straffälliger Menschen, Göttingen 20011

Derselbe: Ambulante Psychotherapie von Straffälligen, in: Persönlichkeitsstörungen Theorie und Therapie, Stuttgart 4/1997

Rohde –Dachser, Christa: Das Borderline-Syndrom, Bern/ Göttingen 2000

Ross/Pfäfflin: Bindungsstile von gefährlichen Straftätern, in: Persönlichkeitsstörungen Theorie und Therapie, Stuttgart 1/1998

III. Narzißmus und Pathogenese von Gewalt- und Sexualdelikten

Frühkindliche Entwicklung und primärer Narzißmus

Die Beziehung zwischen Kind und Mutter während der ersten Lebensphasen spielt im menschlichen Leben eine entscheidende Rolle. Sie ist gewissermaßen die Urerfahrung aller späteren mitmenschlichen Beziehungen und somit die Voraussetzung zu stabilen und ganzheitlichen Objektbeziehungen. Sie ist daher die Basis, ein stabiles und selbstsicheres Urvertrauen in die Welt zu entwickeln. In der Entwicklung des Kindes wird die mütterliche Bezugsperson aus Gründen lebensnotwendiger Abhängigkeit unabdingbar benötigt. Darüber hinaus bedarf es ebenso eines beschützenden Umfeldes, in der Regel die Familie.

Durch die Art und Weise einer mütterlichen Beziehung, die Qualität ihrer versorgenden, beschützenden und emotionalen Zuwendung dem Kind gegenüber, sowie die des familialen Umfeldes entscheidet sich relativ frühzeitig, welche Möglichkeiten und Fähigkeiten dem erwachsenen Menschen späterhin zur Bewältigung seiner Lebensaufgaben zur Verfügung stehen, und wie er aufgrund seiner erworbenen Handlungskompetenz Konfliktsituationen bewältigen kann. Außerdem scheint ebenso die Entfaltung einer positiven Emotionalität, die Entwicklung einer stabilen Ich-Struktur sowie die Präsenz kognitiver (d.h. vom Verstand her) und sozialer Intelligenz im Wesentlichen vom dauerhaften Familien- und Erziehungsklima abzuhängen und wie sich innerhalb dieses familiären Umfeldes Urvertrauen entwickeln konnte. Erst wenn diese Voraussetzungen dauerhaft erfüllt sind, kann sich eine unverwechselbare positiv getönte Identität des Kindes entfalten. Der Weg dahin führt entwicklungspsychologisch und pädagogisch über die schrittweise Überwindung des kindlichen primären Narzißmus. Erst die Überwindung des primären Narzissmus und seine Überleitung in reifere Formen eines gesicherten, positiven Selbstkonzeptes im Erwachsenenalter, ermöglichen die Entfaltung von Autonomie und Selbstverantwortung. Unter Selbstkonzept verstehen wir jenes Eigenbild, welches wir über uns selbst besitzen und die Art und Weise, wie wir gemäß diesem Eigenbild unsere sozialen Beziehungen gestalten, unsere Stärken erkennen und unser Schwächen und Grenzen akzeptieren lernen. Dieses positiv besetzte Eigenbild oder auch genauer gesagt, unser Selbstverständnis übernimmt im Erwachsenenalter gewissermaßen eine „elterliche" Schutzfunktion um uns vor riskanten Aktionen zu bewahren und unsere Identität zu stabilisieren, so daß wir auch an unvermeidlichen Krisen nicht zerbrechen.

Der Familientherapeut und Psychoanalytiker Helm Stierlin ist der Auffassung, daß das Beziehungsmuster zwischen dem Säugling/Kind und seiner Mutter, bzw. der mütterlichen Bezugsperson, anderen Regeln und Gesetzen unterliegt und spezifisch anderen Bedingungen folgt als jede andere Art der menschlichen Beziehung. Die mütterliche Beziehung deckt die grundsätzliche Verlorenheit und Bedingtheit der menschlichen Existenz auf, die vor jeder Eigenverantwortung steht und deren Bewältigung und Überwindung erst die Voraussetzung zur Selbstständigkeit schafft. Die Eigentümlichkeit jedweder menschlichen Beziehung nach gegenseitiger Anerkennung, Wertschätzung und Bedürfnisbefriedigung scheint hier reduziert auf eine elementare einseitige Abhängigkeit in der Form eines gewissermaßen „autistisch anmutenden Narzißmus" des Säuglings, welcher zu diesem Zeitpunkt das Objekt der Mutter als ein eigenständiges Wesen noch nicht erkennen und sich selbst noch nicht als handelndes Subjekt wahrnimmt. Seine Wahrnehmungsfähigkeit zu diesem frühen Zeitpunkt scheint auf den bloßen Zustand grenzenloser Zufriedenheit oder im negativen Fall existenzbedrohlicher Vernichtungsangst ausgerichtet zu sein, wenn seine lebensnotwendigen Bedürfnisse nicht dauerhaft befriedigt werden.

In der Beziehung zwischen Mutter und Kind treten von Seiten des Kindes soziale und psychische Faktoren in Erscheinung, welche seinen narzißtischen Zustand betonen, der sich durch die bereits erwähnte große Abhängigkeit des Kindes von seiner Mutter bemerkbar macht. Hierdurch wird die Mutter in einem Maße zum stärkeren und omnipotenten Partner gemacht, wie dies kaum in einer anderen Beziehung der Fall ist. Gleichwohl wirken die kindlichen Triebregungen, Bedürfnisse und Emotionen in einer vergleichsweise primitiven Weise, die zugleich mächtig und polymorph- perverse Wesenszüge aufweisen, d.h. archaisch und ungerichtet sind, jedoch der Differenzierung durch Sprache und verschiedenen Ich-Funktionen, wie etwa reifere Formen von Abwehrmechanismen oder ihrer Beherrschung durch Denken entbehren. Demgegenüber besitzt die Mutter bereits eine Sprache und somit Werkzeuge und die Möglichkeit, die psychische Realität zu bestimmen und zu manipulieren. Am Beispiel einer narzißtischen Besetzung des Kindes durch die Mutter, die eine pathologische Qualität besitzt, zeigt sich, daß das Kind gezwungen wird, jede mütterliche Definition der psychischen Realität anzunehmen und zwar um seiner selbst willen und um in den frühesten Stadien seiner Kindheit überleben zu können. Dies ist selbst dann noch der Fall, wenn die Mutter ihr Kind psychologisch mißbraucht um ihre eigenen Defizite zu kompensieren. Eine in dieser Hinsicht entscheidender Lebensabschnitt des Neugeborenen ist die sogenannte orale Phase, in welcher der Kontakt zur Mutter, bzw. mütterlichen

Bezugsperson aufgrund der Nahrungsaufnahme und körperlichen Pflegemaßnahmen besonders eng ist. Selbst bei körperlicher und psychischer Vernachlässigung und körperlicher Mißhandlung, bleibt das Kind dennoch untrennbar mit der Mutter verbunden und sucht stets ihre Nähe.

Zur Überwindung des primären Narzißmus ist von entscheidender Bedeutung, in welcher Art und Weise sich die sogenannten Über-Ich-Vorläufer dem Kinde gegenüber unbewußt präsentierten. Die Über-Ich-Vorläufer wirken in jenem Stadium der kindlichen Entwicklung, wo dieses weder über Sprache, noch ein Subjekt-Objekt-Verständnis besitzt, also während der ersten frühen oralen Phase. Die sogenannten Über-Ich-Vorläufer, wie Kernberg sie formuliert, sind die Summe jener frühkindlichen Erfahrungen, sowohl in negativer als auch in positiver Hinsicht auf der oralen Versorgungsebene, sie prägen die Qualität des späteren individuellen Über- Ichs und tragen somit zur Gewissensbildung bei. Von entscheidender Bedeutung ist hierbei, in welcher Art und Weise die mütterliche, bzw. die elterlichen Bezugspersonen das Kind versorgen und welche Art von Beziehungsklima sie hierbei vermitteln und praktizieren Die Qualität der Über- Ich- Vorläufer, so wie das Kind diese erlebt, ist infolgedessen wesentlich davon abhängig, wie seine existentielle Grundversorgung stattfindet oder auch nicht stattfindet, bzw. mit traumatischen Ereignissen einhergeht. Findet die Beziehung zum Kind in einem feindlichen Klima statt mit traumatischen Ereignissen, so bildet sich Kernberg zufolge ein sogenanntes böses Über-Ich heraus, welches die Gewissensbildung in negativer Weise beeinflußt und zu späterem antisozialen Verhaltensweisen führen kann.

Struktur der sogenannten Über-Ich-Vorläufer

Eltern repräsentieren in den ersten Lebensmonaten ihres Kindes durch die Art und Weise ihrer ständigen elterlichen Handlungen und Verhaltensweisen ein System psychischer und korperlicher Erfahrung, welches in den unbewußten und späterhin bewußten Wahrnehmungen des Kindes als Erfahrung von Gewißheit versus Ungewißheit; Vertrauen versus Mißtrauen; Lusterfüllung versus Vernichtungsempfindungen als existentiell bedeutsame „Begegnung" mit der „Welt da draußen" empfunden wird. Hierbei spielt auch eine entscheidende Rolle wie die Eltern miteinander umgehen und in welcher Art und Weise sie ihre täglichen Probleme und Konflikte lösen. Geschieht dies unter den destruktiven Bedingungen von Gewalt und Streß, so wird sich dieses ebenso auf die psychische und physische Entwicklung des Kindes mit Sicherheit negativ auswirken.

Von einem regelrechten Über-Ich (Gewissen) kann zu diesem Zeitpunkt noch nicht gesprochen werden, da die Regeln und Normen als solche noch nicht wahrgenommen werden können. Insofern existiert auch noch kein moralisches Gewissen als Regulativ gegen Normenverstöße. Auch ist der Säugling in diesem Stadium seiner Entwicklung noch nicht in der Lage diese Regeln und Normen in seinem familialen Umfeld zu verknüpfen und entsprechende sozial angepaßte Verhaltensweisen zu produzieren. Außerdem verfügt das Kind in dieser Phase noch nicht über eine gesicherte Ich-Identität, die im Spannungsfeld von Es (Triebe und deren Bedürfnisse) und einer anerkannten Über-Ich-Instanz, sich im Konflikt zwischen Trieberfüllung und Triebaufschub mittels Verdrängung und/oder Sublimierung behaupten müßte. Mit anderen Worten, der Säugling kann noch nicht entscheiden, ob seine Triebbedürfnisse und deren Befriedigung sich im Einklang mit den sozialen Normen des jeweiligen kulturellen Umfeldes befinden. Es ist daher auf Erziehung durch die elterlichen Bezugspersonen angewiesen, bzw. wie diese die Befriedigung, Steuerung d.h. Sublimierung oder auch zeitweise Versagung dieser Bedürfnisse vermitteln. Dennoch besitzen die Über-Ich-Vorläufer eine verbindliche und weitgehend bestimmende Funktion in Bezug auf künftige Erwartungshaltungen und Bindungsbedürfnisse von Seiten des Kindes sowie der moralischen Standards, die im späteren Leben des Jugendlichen und Erwachsenen an Bedeutung gewinnen. Da im Falle einer negativen Besetzung der Über-Ich-Vorläufer die traumatischen Bilder und Ereignisse im Unterbewußtsein verbleiben, sind sie hinsichtlich für die Qualität und Ausformung der Gewissensbildung und der Entfaltung von Empathie und sozialem Mitgefühl, welches sich während des Sozialisations- und Erziehungsprozesses des Kindes herausbilden soll, entscheidend. Dies ist vor allem im negativen Sinne bedeutsam, etwa bei psychischer und körperlicher Vernachlässigung, Mißbrauch und Mißhandlung. Die Über-Ich-Vorläufer, bzw. deren elterliche Instanzen werden dann als aggressiv und bedrohlich erlebt und mit bösartigen Eigenschaften besetzt. Im Hinblick auf die spätere Gewissensbildung führen solche Erfahrungen während dieser frühkindlichen Phase erfahrungsgemäß zur Ausbildung eines sogenannten „pathologischen Über-Ich", wie wir dieses bei antisozialen Persönlichkeiten beobachten können, die grundsätzlich Regeln, Normen und die Grenzen anderer mißachten und insofern auch keine Empathie besitzen.

Wurden hingegen die Über-Ich-Vorläufer, bzw. die sie vermittelnden Bezugspersonen vom Kind als bspw. versorgend, empathisch, beschützend und fürsorglich erlebt, bildet sich Vertrauen in die „Welt da draußen" aus und ein gutes befriedigendes Gefühl zu sich selber und den Bezugspersonen stellt sich ein. Die Eltern als „Über-Ich-Instanzen" werden positiv wahrgenommen und somit die Bildung eines moralischen Bewußtseins unterstützt. Bei entsprechenden Versagungen, Traumatisierungen jeglicher Art und permanenter Vernachlässigung elementarer Bedürfnisse, werden die elterlichen Über-Ich –Vorläufer als „oral aggressiv" (Kernberg) erlebt. Oral deswegen, weil das Kind zu diesem Zeitpunkt die Objekte oral wahrnimmt, bzw. sich über Mundkontakte aneignet (Orale Phase). Kernberg zufolge bildet sich ein Kernkonflikt heraus, der wesentlich zu späteren narzißtischen Persönlichkeitsstörungen in der Ausprägung mehr oder weniger massiver Borderline-Persönlichkeitsstörungen bis hin zu antisozialen Persönlichkeitsstörungen führen kann. Spätere Erwartungs- und Bindungshaltungen sind daher mit Angst, Mißtrauen und durch ein unsicheres Selbstkonzept belastet. Nicht nur das eigene Selbst wird als unwert erlebt, sondern auch die umgebende Welt und ihre Objekte erscheinen durch die dauerhaft erlebten schlechten frühkindlichen Erfahrungen feindlich und daher bedrohlich und angstauslösend, was im ungünstigsten Falle zu der borderline-typischen frei „flottierenden Angst" führen kann. Diese frei flottierende Angst ist nicht an bestimmte Personen oder Ereignissen gebunden, sondern ist als dauerhaftes Gefühl von Selbstunsicherheit, Depressivität, Mißtrauen und innerer Leere einfach „da".

Zur Reduzierung dieser frei flottierenden Angst, die es dem Individuum unmöglich macht, seine Objektwelt differenziert und ohne extremen Streß wahrzunehmen und sich mit ihr konstruktiv auseinanderzusetzen, werden daher primitive Abwehrmechanismen eingesetzt, die die archaischen Sequenzen der frühen Kindheit widerspiegeln und in denen die weitgehend negativen Erfahrungen mit den frühen Bezugspersonen auftauchen und die gegenwärtigen Beziehungen belasten. Auf der unbewußten Verhaltensebene werden sie daher rekonstruiert, so daß der persönlichkeitsgestörte Erwachsene in seinen zwischenmenschlichen Beziehungen die frühen traumatischen Erfahrungen als innerpsychisch präsente Dramen ausagiert. Er inszeniert gewissermaßen auf einer unbewußten Ebene seine introjizierten archaischen Eltern-Bilder, bzw. die traumatischen Erfahrungen mit ihnen, auf die ihn umgebende Welt und deren Personen, bzw. Objekte. Im Kontakt mit anderen Menschen, vor allem in Streßsituationen, wie wir sie des Öfteren unter den Bedingungen des geschlossenen Strafvollzuges vorfinden, wird er dann jene traumatischen Erfahrungen in der Art und Weise ausagieren wie er diese mit seinen elterlichen Bezugspersonen gemacht hat. Da sein Selbstkonzept aufgrund dieser entwicklungspsychologisch bedingten Schwächung dem mehr oder weniger ausgeliefert ist, kann es auch kaum zu einer reifen und ganzheitlichen Form der Objektbeziehungen kommen. Die Bezugspartner werden dann in Form von „Märchenfiguren" in ein schwarz-weiß- Schema eingeordnet innerhalb dessen Pole, extreme Idealisierungen oder radikale Entwertungen vorgenommen werden. Entweder sind sie idealisierte Feen oder schützende Ritter, oder im negativen Fall bösartige Hexen und vernichtende Zauberer oder sonstige Dämonen vor denen man sich in Acht nehmen muß. D. h. diesen Personen wird mit permanentem Mißtrauen und Feindseligkeit begegnet. Die Beziehungen sind oftmals durch große Intensität und gleichzeitiger Angst vor Nähe und Dauerhaftigkeit geprägt. Dem Individuum fehlt es somit an einer tragenden und verbindlichen Dauerhaftigkeit seiner mitmenschlichen Beziehungen, sowie der Fähigkeit sich in die Gefühle und Interessen anderer hineinzuversetzen und an einem gesicherten und verläßlichen positiv besetzten Über-Ich-Ideal, welches den Handlungen und Beziehungen eine sozial vernünftige Gestaltung gibt.

Die narzißtische Persönlichkeitsstörung als Folge defizitärer Erziehung und Sozialisation

Der amerikanische Psychoanalytiker und Mitbegründer der Objektbeziehungstheorie Otto W.Kernberg schlägt vor, die Erscheinungsformen des Narzißmus je nach ihrer sozialverbindlichen Phänomenologie in einer Bandbreite von normal und unauffällig bis pathologisch zu klassifizieren, wobei die antisoziale Erscheinungsform den schwersten Grad einer narzißtischen Störung bildet.

Der Normale Narzißmus stellt die reifere Form des primären Narzißmus dar, welcher durch Erziehung und Sozialisation in sozial verbindliche und anerkannte Formen sublimiert erscheint. Er äußert sich sowohl in den Ich-Funktionen, als auch in dessen Sozialverhalten als Ausdruck eines stabilen und gesicherten Selbstkonzeptes. Die Voraussetzungen hierzu liegen vor allem in den gesunden und verläßlichen Objektbeziehungen und Bindungserfahrungen, die das Kind von Anbeginn seines Werdens erfahren durfte. Der normale Narzißmus ist bei Erwachsenen durch eine Selbstwertregulation charakterisiert, welcher auf der Grundlage einer gesunden und stabilen Ich-Identität beruht und als sogenanntes Selbstwertgefühl in empathischer und authentischer Weise in die Objektbeziehungen hineinwirkt. D.h. mit anderen Worten, das Individuum besitzt einen möglichst authentischen Zugang zu seinen Gefühlen und infolgedessen auch zu den Gefühlen anderer. Hierzu gehört eine normale Über-Ich-Struktur, die auf der gesellschaftlich relevanten Basis allgemein anerkannter Normen und Wertsysteme beruht. Das Individuum handelt daher auf der Grundlage und im Rahmen stabiler Wertesysteme und Objektbeziehungen, welche die Grundlagen und Grundvoraussetzungen mitmenschlicher Beziehungen und Umgangsformen bilden. Auch triebhafte Bedürfnisse werden innerhalb dieses Handlungsrahmens befriedigt. Normaler Narzißmus bildet daher die Voraussetzung zu einer schöpferischen und befriedigenden Tätigkeit und steht weitgehend in Einklang mit den kulturell vermittelten ethischen und moralischen Normen der Gesellschaft. Die individuelle Über-Ich –Struktur sowie das Ich-Ideal korrespondiert daher in bestimmten Situationen, die schwerwiegende Entscheidungen abverlangen, in hohem Maße mit den Norm- und Wertvorstellungen des historischen Ich-Ideals desjenigen Kulturkreises, dem das Individuum angehört. Darüber hinaus bildet der normale Narzißmus die Ich-stabilisierende Grundlage eines realistischen Selbstkonzeptes über die eigene Persönlichkeit, welches sowohl Möglichkeiten als auch Grenzen des eigenen Handelns sichert; hierbei wird Angst, im Gegensatz zur borderline-typischen frei flottierenden Angst, als Sicherungssignal verstanden, welches das Individuum vor Schaden bewahrt und Situationen realistisch einschätzen hilft. Hingegen gehen narzißtisch mehr oder weniger gestörten Menschen diese Fähigkeiten verloren oder sind in nicht ausreichendem Maße vorhanden.

Formen des Pathologischen Narzißmus:

1.Die Regression zur infantilen Selbstwertregulierung

Dieser Typus umfaßt die Fälle von Persönlichkeitsstörungen bei denen die Selbstwertregulierung in hohem Maße von den Ausdrucksformen kindlicher Befriedigungen gesteuert wird. D.h., es wird auf infantile Verhaltensmuster zurückgegriffen. Demzufolge neigt der Erwachsene, welcher unter dem oben angegebenen Syndrom leidet, dazu, den Konflikt gemäß seinen jeweiligen frühkindlichen Erfahrungsmuster zu bewältigen, d.h. er wird dem Problem in regressiver Weise begegnen. Kindliche Formen der Befriedigung nach Anerkennung, Wertschätzung und Bestätigung des verletzlichen Selbstwertgefühls werden zur Grundlage des Verhaltens erhoben auf der nahezu sämtliche zwischenmenschlichen Beziehungen ablaufen. Hierbei wird eine starke Abhängigkeit an vermeintlich stärkere Personen in Kauf genommen, oder aber man orientiert sich an autoritäre Strukturen und Systeme, die die Komplexität der Welterfahrungen im Interesse des Individuums reduzieren und damit überschaubar machen. Auch wirkt insbesondere der Abwehrmechanismus der Spaltung als entlastende Strategie.

2. Die narzißtische Persönlichkeit als pathogenes Verhaltensprofil

Die am stärksten ausgeprägte Form des pathologischen Narzißmus ist die eigentliche narzißtische Persönlichkeit, die Kernberg zufolge als eine extreme Form der Borderline-Störung angesehen werden muß. Deren herausragenden klinischen Merkmale auf der deskriptiven Ebene sind:
- die pathologische Eigenliebe
- die pathologische Objektliebe und das pathologische Über-Ich

Die pathologische Eigenliebe zeichnet sich aus durch: überbordende Selbstbezogenheit und Selbstzentriertheit, das Individuum sieht sich stets im Mittelpunkt des Universums und der Interessen anderer. Grandiosität und exhibitionistische Tendenzen sind Verhaltensweise die sich folgerichtig aus dem vorherigen ergeben. Da sich der narzißtische Mensch im Zentrum des universalen Interesses wähnt, neigt er dazu, seine vermeintliche Stellung durch besonders grandiose Haltungen und Einbildungen zu verstärken. Hieraus resultieren Gefühle der Überlegenheit und Rücksichtslosigkeit gegenüber anderen, deren Grenzen ohne weiteres verletzt werden. Auffallend im sozialen Bereich ist die erhebliche Diskrepanz zwischen dem, was sie sein wollen und den tatsächlichen Leistungen. Es herrschen auf fast allen Lebensgebieten infantile Wertvorstellungen wie die Überbetonung körperlicher Attraktivität, Macht, Wohlhabenheit als ausschließlicher Lebenssinn sowie vordergründiges aufgesetztes Benehmen und Verhalten, was selten authentisch ist. Die narzißtische Persönlichkeit ist in außerordentlicher Weise von der Bewunderung durch andere abhängig, wobei aber den materiellen und psychischen Gratifikationen selten Dankbarkeit entgegengebracht wird. Außerdem unterliegen sie einer permanenten Gefühlsarmut, die auch keinerlei Zugang zu den Gefühlen anderer zuläßt, daher herrscht ein permanenter Mangel an Empathie vor. Vorherrschende Eigengefühle sind die der Omnipotenz bei gleichzeitiger steter Tendenz zur Minderwertigkeit und Inferiorität; entweder fühlen sie sich total überlegen oder grundsätzlich wertlos. Es gibt nur ein Himmelhochjauchzend oder ein Zu Tode betrübt.

Narzißtische Persönlichkeiten fürchten am meisten nur durchschnittlich oder mittelmäßig zu sein, es fehlt ihnen daher ein ausgewogenes realistisches Selbstkonzept. Unter all diesen Merkmalen ist die „Flucht" in die Vorstellungen von Grandiosität das wesentliche Merkmal pathologischer Eigenliebe.

3. Pathologische Objektliebe

Die pathologische Objektliebe drückt sich insbesondere durch ein parasitäres Verhalten gegenüber anderen aus, was mit einem auffallenden Mangel an Empathie bei gleichzeitiger Verachtung der Gefühle und Interessen anderer einhergeht. Dabei werden die anderen in unbewußter Weise entwertet. Menschen mit derartigen Charaktermerkmalen neigen dazu, andere ständig auszubeuten und für ihren Narzißmus zu mißbrauchen. Sie sind außerdem unfähig, sich auf andere zu verlassen oder in gewisser Weise abhängig zu sein, da sie von einem tiefen Mißtrauen gegenüber Beziehungen und der Empathie anderer Menschen eingestellt sind. Mitunter wird zur narzißtischen Eigenaufwertung eine unkritische Idealisierung bestimmter Personen eingenommen, von denen Bewunderung erwartet wird. Bleibt jedoch die erhoffte narzißtische Gratifikation aus, so kann die unkritische Idealisierung in eine totale Entwertung umschlagen, da die unbewußte Spaltung als Abwehrmechanismus eine ganzheitliche Sichtweise auf andere Menschen nicht zuläßt, außerdem sind diese Menschen unfähig, sich für andere einzusetzen.

4. Pathologisches Über-Ich

Die pathologische Über-Ich-Struktur verhindert, bestimmte Formen depressiver Zustände wie vorübergehende Depressionen, Gewissensqualen, Traurigkeit oder Langeweile zu ertragen. Kritik anderer wird grundsätzlich als ein elementarer Angriff auf das Selbst empfunden. Mitunter treten schwere unspezifische Stimmungsschwankungen auf, denen infolge der fehlenden Selbstwertregulation in einer infantilen und inadäquaten Weise begegnet wird, indem Gefühle von Scham anstelle von Schuld auftreten. Außerdem haben sie, wenn überhaupt, nur ein geringes Interesse für ethische, geistige oder ästhetische Vorstellungen und Verhaltensmuster. Ihren Wertvorstellungen fehlt daher die altruistische und soziale Komponente. Ihre übermäßige Abhängigkeit von äußerer Bewunderung spiegelt indirekt ihr unreifes und infantiles Über-Ich wider.

Der generelle Zustand des Selbst narzißtisch gestörter Menschen entspricht typischerweise einem Gefühl der Leere und melancholischer Langeweile, die sich oftmals in Selbstmitleid äußert, wenn ihnen nicht genügend Bewunderung und Aufmerksamkeit entgegengebracht werden. Sie sind im Allgemeinen unfähig von anderen zu lernen und streben unentwegt nach Reizen und besonderen „Kicks", ohne die das Leben für sie keinen Sinn macht. Sie funktionieren auf einem Kontinuum unterschiedlichen Schweregraden der Ebenen ihrer „Pathologie". Diese reichen von einer nahezu „normalen Persönlichkeit" bis zu einem Verhalten, das einer Borderline-Pathologie entspricht.

Die antisoziale Persönlichkeit

Die schwerste Form der narzißtischen Störung stellt Kernberg zufolge das Erscheinungsbild der antisozialen Persönlichkeit dar. Aufgrund dieser massiven Pathologie sind immer auch die Objektbeziehungen dieses Klientels in erheblichem und für die Umwelt unerträglichem Maße betroffen. Da sich diese Persönlichkeitsstörungen durch ein aggressives Verhaltens- und Handlungsrepertoire auszeichnet, kommen diese Menschen relativ häufig mit dem Strafgesetz in Konflikt und bilden daher eine erhebliche und belastende Problemgruppe im Rahmen des Strafvollzuges und/oder des Maßregelvollzuges sowie in der Bewährungshilfe. Kernberg zufolge muß bei Gewalt- und Sexualdelikten in der Regel davon ausgegangen werden, daß eine narzißtische Persönlichkeitsstörung im Sinne einer antisozialen Ausprägung vorliegt, wobei im Einzelfall oftmals differentialdiagnostisch, bzw. gutachterlich geprüft werden muß, ob im Sinne der Schuldunfähigkeit eine schwere Psychose festgestellt wird, oder ob die Störung sich noch im Grenzbereich einer Borderline-Persönlichkeit bewegt, bzw. im Rahmen der sogenannten „schweren seelischen Abartigkeit" anzusiedeln ist und von daher möglicherweise mit Schuldfähigkeit bewertet wird.

Straftäter mit schweren Persönlichkeitsstörungen vom Grad antisozialer Ausprägung weisen massive Defizite ihrer Ich-Struktur auf, die sie immer wieder im Umgang mit ihren Mitmenschen auf den ständigen Gebrauch primitiver Abwehrmechanismen zurückgreifen läßt, wobei mangelnde Impulskontrolle und ein hohes Aggressionspotential, wie dies bei Gewaltdelikten der Fall ist, zusätzliche Belastungsfaktoren innerhalb sozialer Beziehungen darstellen. D.h. mit anderen Worten, die sozialen Beziehungen werden weitgehendst triebbestimmt und entziehen sich der Kontrolle durch ein stabiles und selbstkontrollierendes Ich. Kernberg zufolge liegt der antisozialen Persönlichkeitsstörung häufig eine sogenannte Borderliner-Basisstruktur zugrunde, bzw. die Borderliner-Persönlichkeitsstörung auf antisozialem Niveau korrespondiert in der Regel mit starken malignen narzißtischen Anteilen. Rauchfleisch schlägt vor, die Antisoziale Persönlichkeitsstörung als Untergruppe einer Borderline- Persönlichkeitsstörung anzusehen und vertritt somit die Auffassung, daß antisoziale Persönlichkeiten Merkmale der Borderline Störung aufweisen. Die läßt sich aus forensischer Sicht bei zahlreichen Gewalt- und Sexualdelikten nachweisen.

Im DSM-IV, dem „Diagnostischen Statistischen Manual" für Persönlichkeitsstörungen werden der antisozialen Persönlichkeit vor allem negative Merkmale zugeordnet, die sich auf die sozialen Beziehungsqualitäten beziehen, so etwa: das häufige Fehlen von Mitgefühl, der Mißachtung der Gefühle, Rechte und Leiden anderer. Außerdem neigen antisoziale Persönlichkeiten dazu, abgebrüht und zynisch zu sein. Auf der beschreibenden Ebene wird ihnen ein eklatanter Mangel an Beziehung zu anderen, Affektlosigkeit, Mißachtung von Gemeinschaftswerten in Verbindung mit destruktivem Verhalten in verbaler, materieller, persönlicher oder sexueller Hinsicht zugeschrieben. Fernerhin ist zu beobachten, daß Menschen mit einem antisozialen Profil unfähig sind, durch Strafe und Erfahrung zu lernen, vor allem dann, wenn sie Situationen begegnen, welche die eingeschliffenen neuronalen Erinnerungs- und Verhaltensspuren auslösen und sich unter Streß antrainierter kognitiver Kontrolle entziehen. Ihrem Verhalten und vor allem ihren oftmals gewalttätigen Handlungen gegenüber sind sie frei von Schuldgefühlen, so daß das sogenannte Schuld-Sühne Prinzip des Strafrechts keine Wirkungen zeigt und insofern auch nicht prophylaktisch wirken kann.

Risikorelevante Problembereiche

Straftäter mit antisozialer Persönlichkeitsstruktur sind vor allem sogenannte Persönlichkeitstäter, die in ihrem Persönlichkeitsprofil risikorelevante Problembereiche aufweisen. Persönlichkeitstäter begehen Straftaten die sich nicht aus der jeweiligen Situation ergeben, sondern sie folgen gemäß ihrer Veranlagung einer Motivation, die auf sadistisch-perversen Vorstellungen beruht. Die risikorelevanten Problembereiche, welche als delinquenzfördernd angesehen werden müssen, sind im Kern der Persönlichkeit fest verankerte Charaktermerkmale, die sich durch therapeutische Interventionen nicht ohne weiteres beseitigen oder verändern lassen. Insofern kommt ihnen eine prognostische Bedeutung im Hinblick auf Rückfallrisiken und/oder therapeutischen Erfolgsaussichten. Risikorelevante Charaktermerkmale entsprechen einer persönlichen Grunddisposition, die sich häufig bereits im Kindheits- und Jugendalter verfestigt hat und „führen zu einer eigenständigen und nachhaltigen Motivation, bestimmte Straftaten zu begehen,, (Urbaniok). Der Persönlichkeitstäter sucht bestimmte Situationen, in denen er entsprechend seiner risikobehafteten Charakterologie Straftaten begehen kann.

Im einzeln lassen sich beispielhaft folgende für Gewalt- und Sexualdelikte relevante risikobehaftete charakterologische Problembereiche benennen: Der sogenannte Dominanzfokus, als eine in der Persönlichkeit fest verankerte Bedürfnislage, die darauf ausgerichtet ist, andere Menschen zu dominieren und Situationen zu kontrollieren, sowie das permanente Ignorieren der Bedürfnisse und Grenzen anderer. Die dissoziale Persönlichkeit mißachtet grundsätzlich Regeln und Normen und weist eine sehr geringe Hemmschwelle für Gewalttätigkeit auf. Täter mit dissozialer Persönlichkeitsstruktur sind im narzißtischen Sinne sehr stark auf ihre eigenen Bedürfnisse orientiert, sie vermögen kaum aus Erfahrung oder Strafe zu lernen und entziehen sich somit sozialtherapeutischen Interventionen, die auf eine Stabilisierung der Person über kognitive und/oder berufliche Lernprogramme ausgerichtet sind. Sie werden dann allenfalls gut ausgebildete Bäcker, Handwerker etc. mit dissozialem Charakter. Bei einer Vielzahl von Gewalt- und Sexualdelikten ist eine chronifizierte Vergewaltigungsdisposition festzustellen. Hierbei handelt es sich um eine Veranlagung im Charakter des Straftäters, sexuelle Kontakte nur unter den Prämissen von Gewalt, Quälen und Foltern und schließlich Töten des Opfers wahrzunehmen, oder zur Befriedigung sexueller Bedürfnisse Gewalt in Form von Quälen, Foltern und Zerstückeln des Opfers anzuwenden, beziehungsweise das Opfer schließlich zu töten, wobei es hierbei in erster Linie nicht um sexuelle Kontakte geht. Ein weiterer risikorelevanter Problembereich in der Psyche von Gewalt- und Sexualdelikten ist eine chronifizierte Gewaltdisposition, die dazu führt, daß der Täter ausschließlich mitmenschliche Beziehungen unter Postulat von Gewalt in Form von physischer und/oder verbaler Gewalt praktiziert. Allen risikorelevanten Problembereichen, die oftmals kombiniert in einer Person auftreten können ist gemeinsam, daß sie in Bezug auf strafbare Handlungen eine prognostische Bedeutung haben. D. h. je stärker die mit ihnen verknüpften Hoch- Risiko- Phantasien mit einem hohen Grad an physiologischer und emotionaler Erregbarkeit einhergehen, um so wahrscheinlicher ist, daß entsprechende Taten vollzogen werden (Urbaniok).

Vom Opfer zum Täter

Es erstaunt, daß über längere Zeiträume die Konzeptentwicklung zur Ätiologie von Borderline- Persönlichkeitsstörungen, zu der auch das Erscheinungsbild der antisozialen Persönlichkeit gehört, die Möglichkeit oder gar die Wahrscheinlichkeit frühester Traumatisierungen in der Vergangenheit übersehen hat. Der psychoanalytischen Tradition Margret Mahler folgend wurde angenommen die Pathologie früher Objektbeziehungen liege vorwiegend in der Versagung und mangelnden Akzeptanz durch die mütterliche Bezugsperson während der sogenannten Wiederannäherungsphase. Hingegen nimmt Sachsse (1995) an, daß praktisch in jedem Fall von Borderline- Störungen eine grundsätzlich eruierbare und somit auch zu beschreibende schwere Traumatisierung in Form von Mißbrauch, Mißhandlung und'/oder psychischer sowie physischer Vernachlässigung stattgefunden hat. Diese Auffassung vertreten ebenso Rauchfleisch (2011) und Rohde-Dachser (1991). Für die Pathogenese Borderline-Persönlichkeitsstörungen sowie antisozialer Persönlichkeiten stellen deshalb permanente Realtraumatisierungen im familialen Umfeld einen entscheidenden Beitrag dar, welcher die Einflüsse materieller Faktoren bei weitem übersteigt. In erster Linie sind nicht die äußeren materiellen Rahmenbedingungen, der soziale Status einer Familie entscheidend, sondern die psychosoziale Qualität des Familienklimas (Richter 1976). Dulz (1997) geht davon aus, daß Realtraumatisierungen massive psychische Störungen auslösen und in ihrer schwersten Pathologie deviantes Verhalten im Kindheitsalter und späterhin Delinquenz im Sinne antisozialer Verhaltensweisen befördert, wobei äußere soziale Rahmenbedingungen eine verstärkende Wirkung haben können. Wenngleich man das deviante Verhalten in der Kindheit noch nicht als psychische Störung im Sinne einer antisozialen Persönlichkeit diagnostiziert, so wäre es dennoch angemessen hier von einer Persönlichkeitsentwicklungsstörung auszugehen, die späterhin zu einer massiven antisozialen Persönlichkeitsstörung führen kann, wenn sie nicht frühzeitig therapeutisch behandelt wird.

Betrachtet man unter biographischen Gesichtspunkten die Sozialisations- und Erziehungsbedingungen unter denen persönlichkeitsgestörte Straftäter aufgewachsen sind, so fällt die Häufigkeit und traumatisierende Dramatik von Verlust- und Mangelerlebnissen von Anbeginn der frühesten Kindheit bis oftmals ins jüngere Erwachsenenleben auf. Hinzu kommt, daß die frühkindlichen Traumatisierungen zumeist mit der äußeren Realität der Herkunftsfamilie in Form sozialer Beeinträchtigungen und/oder psychischer Störungen der elterlichen Bezugspersonen in Zusammenhang stehen und außerdem mit unsicheren Bindungserfahrungen verknüpft sind. Die jeweiligen Familiensituationen waren durch emotionale und soziale Instabilität gekennzeichnet mit entsprechenden Gewalt in körperlicher und verbaler Hinsicht durchsetzt. So kann angenommen werden, daß die traumatisierenden Ereignisse nicht einer subjektiven Wahrnehmung der Betroffenen geschuldet sind, sondern tatsächlich in dem Umfange, wie sie empfunden wurden, als Realität des kindlichen Umfeldes geschehen sind, mit zum Teil gravierenden ökonomischen Problemen und intrafamiliären Spannungen, die Ursachen von Beziehungsabbrüchen und psychischen Vernachlässigungen waren. Aus der Sicht der Bindungstheorie (Bowlby, 1999) bilden diese äußeren Faktoren oftmals die pathogenetischen Rahmenbedingungen von unsicheren Bindungsstilen, die sogenannte „Innere Arbeitsmodelle" im Sinne fest zentrierter Erfahrungsmuster hervorrufen und die bis ins Erwachsenenalter hinein mit Mißtrauen, Feindseligkeit und Ambivalenz die sozialen Beziehungen kontaminieren und die bei Gewaltdelikten häufig zu beobachten sind. Ross und Pfäfflin haben in einer Untersuchung an Gewaltdelikten festgestellt, daß für einen Teil Straftäter das Leben ein ständiger „Dschungelkampf" ist, wo in jedem Augenblick die Gefahr vermutet wird, daß hinter einem Busch ein Feind hervorspringt und diesem muß man mit vorausschauender Aggressivität begegnen. Auf sie trifft die Theorie der „gefährlichen Welt" (Rossegger u.a. S.277) zu, als ein Ort in dem man der Ausbeutung durch andere stets ausgesetzt ist und man dieser vermeintlichen „Gefahr" dadurch begegnet, daß man zuerst zuschlägt bzw. dem anderen Leid zufügt. Da diese Personen keinerlei Urvertrauen aufbauen konnten, sind sie von einem durchgängigem Urmißtrauen gegen die sie umgebende Welt eingestellt mit gleichzeitiger Unfähigkeit zur Empathie. Hierdurch wird ihr gesamter Bezug zur Umwelt und zu ihren Mitmenschen bestimmt. Ihre Beziehungen sind zumeist mit unrealistischen Erwartungen überladen, und sie benutzen im wahrsten Sinn des Wortes andere Menschen als Mittel zum Zweck. Ihnen mangelt es daher auch an der Erkenntnisfähigkeit, soziale Kontakte und Beziehungen so wahrzunehmen, wie sie von den anderen interpretiert werden. Somit fehlt ihnen die Fähigkeit, andere Menschen objektal, d.h. ganzheitlich zu sehen, d.h., Bezugspersonen und Individuen als eigenständige Wesen mit eigenständigen Gefühlen zu respektieren. Aus diesem Grund sind sie nur zu einer subjektalen Wahrnehmung anderer fähig, d.h., sie sehen den anderen ständig als Abbild ihres eigenen unbewußten Gefühlslebens und inszenieren infolgedessen ihre eigenen pathologischen Psychologismen in überzogener Weise in ihren sozialen Beziehungen hinein. Wenngleich keine eindeutigen empirischen Nachweise zur Zeit über den ursächlichen Zusammenhang zwischen unsicheren und negativ getönten Bindungsmustern von Seiten der elterlichen Bezugspersonen vorliegen, so ist dennoch zu vermuten, daß die späteren Täter überwiegend unsicheren Bindungsmustern ausgesetzt waren.

Persönlichkeitsstörungen und Delinquenz

Die oben angedeuteten frühkindlichen Entwicklungsbedingungen von Tätern mit antisozialen Persönlichkeitsprofilen führen zu spezifischen, sogenannten Ich-strukturellen Störungen, d.h., mit anderen Worten, ihre Ich-Identität ist äußerst fragil und labil, was zu den oben dargestellten Beeinträchtigungen in der Wahrnehmung anderer und der Steuerung eigener

Gefühle führt. Infolge dieser Defizite ist die soziale Kompetenz im Sinne vernünftiger und sozial akzeptablen Verhaltens wesentlich eingeschränkt und mitunter durch unrealistische Wünsche und Vorstellungen, sowie irrationalen Ängsten verzerrt. Aus psychoanalytischer Sicht (Kernberg u.a.) sind hiervon besonders dem Ich zugeordnete Funktionen betroffen, wie die der Realitätsprüfung, der Fähigkeit realistische Zukunftsperspektiven zu entwerfen, sowie sich selber vor der Überflutung innerer und äußerer Reize zu schützen oder sie zumindest zu sublimieren und diese in sozial wünschenswerten Verhaltensweisen zu kanalisieren. Im Umgang mit der sozialen Umwelt und hier vor allem im Kontakt mit den unmittelbaren Bezugspersonen wird ständig auf sogenannte archaische Abwehrmechanismen zurückgegriffen, insbesondere auf den Abwehrmechanismus der Spaltung, welche zwar das eigene Ich vor Diffusion und Kontrollverlust schützen, jedoch die sozialen Beziehungen in negativer Weise beeinflussen und in gewisser Weise pathologisieren, so daß ein adäquater Umgang mit diesem Klientel mit außerordentlichen Schwierigkeiten verbunden ist. Hinzu kommt, daß diese Täter bei entsprechender Erfahrung mit den Standards des Strafvollzuges in der Lage sind, Therapiesituationen, wie etwa innerhalb der Sozialtherapie zu durchschauen und eine äußere Verständnisfassade errichten, die Rohde-Dachser eine „Als ob Persönlichkeit" bezeichnet . Er ist dann möglicherweise ein gut ausgebildeter Handwerker, Informatiker etc. mit nach wie vor riskanten Phantasien und risikobehafteten Problembereichen seiner Persönlichkeit.

Spaltung und Projektionen eigener Persönlichkeitsbrüche

Aufgrund seiner „Strategien", die unbewußt eingesetzt werden, vermag der Klient die „guten" und „bösen" Teilqualitäten einer anderen Person, wie auch seine eigenen, nicht gleichzeitig wahrzunehmen, sondern erlebt sie unter dem Einfluß der Spaltung als unvereinbare Gegensätze, die durch destruktive Akte der Entwertung oder der primitiven Idealisierung negiert werden. Zu einer ganzheitlichen Wahrnehmung und zu einem differenzierten Erlebnisbild über den anderen ist er nicht in der Lage. Andere Personen spiegeln für ihn nur ein ausschließliches Schwarz-Weiß-Schema des entweder „Bösen" oder kritiklosen „Guten" wider. Eigene Gefühle und Impulse die nicht akzeptiert werden können, werden mittels unbewußter Projektionen in andere Menschen gesehen und dort auf das heftigste bekämpft. Verläuft der Projektionsvorgang mit starken Anteilen von Identifikationen, so wird der Klient versuchen, sich so zu verhalten, daß der Partner oder die Bezugsperson genau diesem Projektionsmuster entspricht, indem er unbewußt und ungewollt dessen Psychologismen ausagiert. Die innere Realität, d.h. eigene Gefühle der Vorsicht und Ausgewogenheit, sowie Aspekte der äußeren Realität werden verleugnet und somit ständig negiert, so daß ein realitätsgerechter Umgang fast unmöglich erscheint. Bezugspersonen werden zu Objekten der Entwertung oder Idealisierung, so wie die eigenen psychologischen Zustände sie benötigen um dem inneren Angstdruck zu entgehen. Typischerweise kann es hierbei immer wieder zu einem abrupten Umschlag der Beziehungsmuster kommen. Unter dem Einfluß archaischer Abwehrkonzepte kommt es daher immer wieder zu charakteristischen Beeinträchtigungen der Angst-und Spannungstoleranz, die Kernberg zufolge, zu sogenannten Externalisierungstendenzen in Form von Impulsdurchbrüchen führen, wie bspw. Gewalthandlungen, aber auch autoaggressive Handlungen wie Alkohol- und Drogenexzessen, sexuelle Impulshandlungen und krimineller Handlungen.. Diesen ungesteuerten und plötzlich auftretenden Impulshandlungen liegen häufig eine oder mehrere der folgenden Ursachen zugrunde:

Unerträgliche Ohnmachtsgefühle, die nichts anders zu kompensieren sind und mit Hilfe des psychischen Mechanismus der Verkehrung ins Gegenteil; Passivität in aggressiven Formen eruptiver Abwehr von unerträglich empfundenen Reizen der Außenwelt; mangelnde Angst- und Spannungstoleranz, bzw. Frustrationstoleranz, die zu impulsiven Handlungen führt; wichtige Impulse, die triebhaft besetzt sind, werden durch symbolische Handlungen zum Ausdruck gebracht. Letzteres erklärt auf der unbewussten Ebene ablaufende Verschiebungen und negativ besetzte Projektionen, die Inszenierung von Gewalttaten, auch mit sexualpathologischer Akzentuierung zur Abwehr innerer Konflikte, die in ihrer Bedeutung an die bösartigen Über-Ich –Vorläufer erinnern und deren sozialverträgliche Bewältigungs- und Sublimierungsstrategien dem Klienten nicht zur Verfügung stehen. Die Opfer sind hierbei zumeist beliebig und entsprechen subjektiv der pathologisch verzerrten Objektwahrnehmung des Täters. Die Opfer sind rein zufällig und stellvertretend für andere Personen, deren negativer Einfluß auf den Täter nicht verarbeitet wurde.

Sexualität und Persönlichkeitsstörungen

Seit den Anfängen der Psychoanalyse und die hierdurch entwickelten Therapiekonzepte ist die Sexualität mit ihren vielfältigen, eben auch pathologischen Formen, ein durchgängiges Thema bei der Beurteilung und Einschätzung sexuell affizierter Straftaten und daher von zentraler Bedeutung. Das Erscheinungsbild der Persönlichkeitsstörungen in ihrer vielschichtigen Pathologie, zeigt daher eine Vielfalt sexueller Inszenierungen, die soziale

Beziehungen mit einem erheblichen Anteil von Macht und Gewalt durchziehen. Hierzu zählen insbesondere die extremen Formen, die auf eigenes Leid und vor allem auf die Leidzufügung gegenüber anderen angewiesen sind. In der Vorgeschichte der Täter finden sich daher oftmals Missbrauchserlebnisse und traumatische Erfahrungen von Gewalt sowie psychischer und physischer Vernachlässigung, wie oben beschrieben und die zumindest in biographischer Hinsicht die Karriere zum späteren Gewaltdelikter einleiteten. Indessen scheint unumstritten zu sein, daß die unterschiedlichen Formen von Gewalt- und Sexualdelinquenz immer auch zu einem erheblichen Teil auf dem Boden einer mehr oder minder ausgeprägten Persönlichkeitsstörung entstehen. Dies gilt vor allem für einen großen Teil der Wiederholungstäter. Das individuelle Risiko einer Erkrankung variiert hinsichtlich der genetischen Ausstattung, der seelisch-geistigen Struktur und einem psycho-sozialen Klima, welches zusätzliche Faktoren bereithält, die die seelische Verletzlichkeit von Kindern und Jugendlichen erhöht, wenngleich man bei einem Vorliegen persönlichkeitsrelevanter Störungsbilder noch nicht abschließend von einer Persönlichkeitsstörung im oben beschriebenen Sinne ausgehen darf. Bei Kindern und Jugendlichen, die solche antisoziale Störungsbilder aufweisen, wäre demnach eine Persönlichkeitsentwicklungsstörung zu diagnostizieren, die durchaus noch therapeutischen Interventionen zugänglich ist.

Als Risikofaktoren zur Ausbildung antisozialer und devianter Verhaltensformen gelten u.a. niedriger sozioökonomischer Status der Herkunftsfamilie, sexueller und/oder aggressiver Mißbrauch, bzw. Mißhandlungen, Kontakte mit Einrichtungen der sozialen Kontrolle, mütterliche Berufstätigkeit und von daher übermäßige Abwesenheit der Mutter während der ersten Lebensphasen, Verlust der Mutter ohne entsprechende Ersatzbezugsperson, Kriminalität oder Dissozialität eines Elternteils, psychische Störungen der Mutter oder des Vaters, Beziehungspathologie und chronische Disharmonie in der Familie, schlechte Kontakte zu Gleichaltrigen, unsicheres Bindungsverhalten, vor allem in den frühesten Entwicklungsphasen bis zur frühen Kindheit.

Jungen gelten im Allgemeinen aufgrund ihrer geschlechtsspezifischen Sozialisation, die vielfach immer noch patriarchalischen und machohaften Einstellungen folgt, weitaus gefährdeter als Mädchen. Dementsprechend ist der Anteil männlicher Straffälligkeit höher. Der weitaus höhere Anteil männlicher Gewaltdelikter im bundesdeutschen Strafvollzug scheint diese These zu bestätigen. In den meisten Fällen haben wir es mit Tätern zu tun, die in irgendeiner Weise auch Opfer ihrer Biographie sind. Täter mit Gewalterfahrungen werden über den Aneignungsmechanismus der Introjektion bösartiger Über-Ich-Vorbilder, diese als soziale Verhaltensmuster internalisieren und als ‚Affekte ausagieren, sofern ihnen keine anderen, sozial wünschenswerte Strategien des Handelns zur Verfügung stehen. Entweder werden sie aufgrund der primitiven Identifikation mit der erfahrenen Gewalt gegen das eigene schwache Selbst gerichtet, oder in Form von aggressiven Impulshandlugen gegen äußere und schwächere Objekte ausagiert. Aus zahlreichen Biographien antisozialer Gewalt- und Sexualdelikten geht hervor, daß deviante Verhaltensweisen bereits bei diesen Tätern in ihrer Kindheit begonnen haben. Oftmals haben diese devianten Verhaltensweisen auf die späteren risikorelevanten Problembereiche hingewiesen die letztlich handlungsmotivierend waren.

Zur Delinquenz führende Merkmale und Tendenzen im Kindheits- und Jugendalter

Die Bedeutung von Hoch-Risiko-Phantasien

Im Allgemeinen geht man von der Annahme aus, daß sexuell affizierte Gewaltdelikte auf der Basis devianter sexueller Phantasien ausgelöst werden. Gleichwohl stellen deviante sexuelle Phantasien für sich alleine genommen noch keinen handlungsrelevanten Risikofaktor dar, welcher sexuelle Straftaten oder Gewaltdelikte prädestiniert und im Täter die Handlung hervorruft. Dagegen enthalten sogenannte Hoch-Risiko-Phantasien eine visualisierte Vorstellung darüber, wie möglicherweise ein sexualpathologisches Delikt vom Täter begangen werden kann. Da das Töten eines Menschen die höchste Form der Manipulation darstellt und in außerordentlicher Weise das krankhafte Selbst des Täter narzißtisch erhöht, wirken die Taten einerseits persönlichkeitserhöhend, indem sie ein Gefühl von grenzenloser Omnipotenz vermitteln, andererseits aber durch ihre sexuelle Präferenz befriedigend. Als handlungsrelevant und somit tatwahrscheinlich sind diese Phantasien infolgedessen dann, wenn in ihnen eben diese Aspekte der Triebbefriedigung visuell vorweggenommen worden sind. Hieraus entwickelt sich gewissermaßen zwangsläufig ein Konzept, wie die Tatausführung ablaufen soll. Harbort hat mit seiner Theorie der sieben psychischen Verlaufsphasen zu sexualpathologischen Tötungsdelikten aufgezeigt, daß die pervers-sadistische Intensität dieser Phantasien sich sukzessiv steigern kann, bis hin zu dem Punkt, wo der Täter in immer kürzeren Abständen mordet um die Gewißheit zu erlangen, die vollendete Tat begangen zu haben. Dieses integrierte Konzept beruht auf einem sogenannten inneren Skript, d. h. der Vorstellung darüber, wie man sich gegenüber bestimmten Ereignissen oder Personen verhalten wird. In der Vorstellungswelt eines Vergewaltiger besteht möglicherweise

74

ein solches integriertes Skript in psychologische Schemata wie „Frauen sind grundsätzlich Sexualobjekte für Männer über die man willkürlich verfügen darf". Diese Schemata prägen auch die Hoch-Risiko-Phantasien und sind insofern tatmotivierend, da sie aus visuellen Vorstellungen resultieren, die je nach Disposition des Täters handlungsrelevant werden können. Wenn diese visuellen Vorstellungen mit sadistischen Inhalten häufig hervorgerufen werden, so darf davon ausgegangen werden, daß sie die Qualität von Hoch-Risiko-Phantasien annehmen und unter Streßsituationen tatauslösend wirken. Dies ist beispielsweise der Fall, wenn die Person sich intensiv mit diesen Vorstellungen beschäftigt und sie auf fremde Personen richtet. So können diese dann handlungsrelevant werden, wenn eine Person, die sadistische Vorstellungen hat und in entsprechende Taten imaginiert, unter Alkoholeinfluß gerät und somit eventuelle mentale Kontrollmechanismen eingeschränkt oder nicht mehr vorhanden sind. (vgl. hierzu: Rossegger; Endrass; Borchard.: Sexuelle Hoch-Risiko-Fantasien: Grundlagen und Intervention) So ist zu vermuten, daß der Mörder des 11 jährigen Mirko aus Grevenbroich aus einer diffusen beruflichen Streßsituation heraus die Tat begangen hat.

Aus den Biographien einschlägiger Gewalt- und Sexualdelikten, vor allem serieller Gewalttäter mit Vergewaltigungs- und Tötungshandlungen wissen wir, daß psychopathologische, abnorme Verhaltensweisen in deren frühen Kindheit ihren Anfang in Gestalt von Ersatzhandlungen nahmen. Diese Erkenntnisse beziehen sich auch in spezifischen Einzelfällen auf deren Phantasien, in denen zu diesem Zeitpunkt bereits die psychischen und physiologischen Aspekte von sogenannten Hoch-Risiko-Phantasien zu erkennen waren. Mitunter lösen bestimmte Schlüsselerlebnisse solche Phantasien aus, die mit einem relativ hohen Grad an physiologischer Erregbarkeit einhergehen. Wenngleich dem jeweiligen Alter entsprechend die physiologischen Reaktionen noch nicht eindeutig sexueller Natur sind, so ist dennoch der Reiz von tiefgreifender emotionaler Erregbarkeit. Die physiologischen Reaktionen, verbunden mit detaillierten Bildern des Quälen, Vergewaltigen und Töten der Opfer verweisen auf den psychischen Zusammenhang zwischen Vorstellungswelt des Täters und seiner Handlungsmotivation, entsprechend seines inzwischen ausgeprägten risikorelevanten Problembereiches. Mit anderen Worten: Hoch-Risiko-Phantasien sind nicht irgendwelche Phantasien, sondern stehen in psychischer Verbindung mit dem oben erwähnten risikorelevanten Problembereiche und sind daher tatmotivierend. In diesen Phantasien werden die Handlungen an den späteren Opfern imaginiert und szenisch vorweggenommen. Sie sind daher durchsetzt von Vorstellungen des Quälens, Vergewaltigen und Töten des Opfers, bzw.

im Kindesalter, wenn solche Phantasien bereits auftreten, des Zerschneidens und Töten von geeigneten Ersatzobjekten, etwa in Gestalt von Tieren. So begann der amerikanische Serienmörder Jeffrey Dahmer, der 17 junge Männer auf grausame Art ums Leben brachte, im Kindheitsalter damit, kleine Tiere zu zerschneiden um deren Organe und Knochen zu sehen.

Hoch-Risiko-Phantasien entwickeln sich hinsichtlich ihrer pervers- sadistischen Inhalte als dynamische Prozesse im Zuge der psychischen Verlaufsphasen zu den späteren Gewalt- und Sexualdelikten. Ausgelöst werden diese während der sogenannten Konditionierungsphase, die oftmals durch ein Schlüsselerlebnis in der Kindheit eingeleitet wird. Hoch-Risiko-Phantasien sind ein eindeutiges Indiz dafür, daß mit großer Wahrscheinlichkeit sexuelle Straftaten oder sexualpathologische Tötungsdelikte diesen inneren Bildern folgen, zumal wenn sich diese Phantasien auf perversen und sadistischen „impliziten Theorien" beziehen. Unter impliziten Theorien ist hier gemeint, daß der Täter eine gewisse innere unverrückbare Einstellung gegenüber anderen Menschen hat, die er entsprechend seinem risikorelevanten Problembereich auslebt. Beispielsweise wird derjenige Täter, dessen Problembereich eine chronifizierte Vergewaltigungsdisposition auszeichnet, sexuelle Kontakte nur unter erheblicher Gewalteinwirkung praktizieren und ist für sexuellpathologische Delikte prädestiniert. Als sogenannte „implizite Theorie" setzt sich die chronifizierte Vergewaltigungsdisposition als Verhaltensstrategie im sexuellen und mitmenschlichen Bereich im Bewußtsein der Täter fest. Die implizite Theorie eines Armin Meiwes bestand offensichtlich darin, einen anderen Menschen als Ersatz für eine verlorene männliche Beziehung (in diesem Fall der Bruder und der Vater) in kannibalistischer Weise sich einzuverleiben, um das Opfer stellvertretend für den früheren Beziehungsverlust immer bei sich zu haben. Nach eigenen Angaben haben sich bei Meiwes bereits im Kindesalter solche kannibalistischen Phantasien eingestellt, die seine implizite Theorie ausgebildet haben. Sie wurden gewissermaßen feste Bestandteile seiner psychischen Einstellung und somit Teil seiner außer- und innerseelischen Realität. So war „mit Eintritt in die Pubertät, [...] die Vorstellung des Einverleibens dann seine zentrale Motivationsphantasie und von sexueller Erregung bis hin zum Erregungshöhepunkt begleitet. In dem inneren Film, der während der Selbstbefriedigung ablief, seien bestimmte Klassen- oder Schulkameraden, die ihm sympathisch waren, aufgetaucht, und er habe sie überwältigte (sic!] und geschlachtet, um sie aufzuessen." (Beier) Armin Meiwes versuchte offensichtlich seine Verlusterfahrungen und der damit verknüpften Angst vor Isolation und psychischer Vereinsamung dadurch zu begegnen, daß er recht frühzeitig diese implizite Theorie des Einverleibens anderer Geschlechtsgenossen entwickelte. Einerseits sind seine sexualpathologischen Hoch-Risiko-

Phantasien Belege seiner ausschließlichen Fixierung auf männliche Partner, andererseits kommt aber in der Angst vor Vereinsamung sein selbstunsicheres Ich-Konzept zum Vorschein, welches immer auf die Nähe zu anderen Personen ausgerichtet ist und sich infolgedessen nicht selbst genügt. Armin Meiwes ist kein Einzelfall. In der Regel lassen sich bei Gewalt- und Sexualdelikten solche oder ähnliche Phantasien bereits in deren Kindheit- oder Jugendalter nachweisen. Im Allgemeinen spielt die Fähigkeit zu phantasieren, sich imaginäre Welten vorzustellen ab dem Kleinkindalter eine wichtige Rolle hinsichtlich der psychischen und physischen Entwicklung eines Menschen. In den ersten Lebensjahren drückt sich Phantasie im Spiel und in der Entfaltung von Kreativität aus und ist somit „Wegbereiter für wichtige Entwicklungsaufgaben". (Langenfeld, Antonia) Dies bedeutet aber auch, daß die Ausgestaltung und inhaltliche Qualität von Phantasien wesentlich zur Entwicklung kreativer und intellektueller Fähigkeiten beitragen, wie sie ebenso, den Weg in deviante und späterhin delinquente Verhaltenseisen befördern können.

Wie bereits erwähnt, lassen sich in der Biographie von Gewalt- und Sexualdelikten schwerwiegende Mängelsituationen in physischer und psychischer Hinsicht in deren Kindheit nachweisen. Diese frühkindlichen Traumatisierungen entsprechen zumeist der äußeren Realität ihrer Herkunftsfamilien mit zum Teil massiven ökonomischen Problemen und interfamiliären Spannungssituationen die permanent vorhanden waren. Oftmals herrschte in diesen Familien ein Klima der Gewalt und Mißachtung elementarer Bedürfnisse der Kinder. Diese in der frühen und späteren Kindheit durchgemachten Mangel- und Verlusterfahrungen sind von solchen Kindern oftmals als existentielle Bedrohungen erlebt worden. Hierin liegt einer der wesentlichen, wenn nicht ausschließlichen Ursachen späterer massiver Persönlichkeitsstörungen auf einer Bandbreite der Borderline-Persönlichkeitsstörungen, der Ausbildung pathologischer Formen des Narzißmus bis hin zur Antisozialen Persönlichkeitsstörung mit all ihren Folgen für die betroffenen Opfer. Gleichwohl ließen sich im Kindes- und Jugendalter noch nicht eindeutig von solchen differentialdiagnostischen Zuschreibungen psychischer Erkrankungen sprechen, sondern hier wäre die Diagnostizierung einer „Persönlichskeitsentwicklungsstörung" dem Reifezustand des Betroffenen angemessen. Dies läßt den Schluß zu, daß zu diesem Zeitpunkt therapeutisch-pädagogische Maßnahmen noch eine Verhaltensänderung einleiten können um die Entwicklung zu einer der oben genannten Störungen zu vermeiden. Von daher ist es außerordentlich bedeutsam, rechtzeitig bei solchen gefährdeten Kindern und Jugendlichen deviante Verhaltensweisen, Ansätze von Hoch-Risiko-Phantasien mit entsprechenden Ersatzhandlungen zu erkennen um geeignete

Maßnahmen einzuleiten. Hierin liegt eine besondere Verantwortung von Erzieher/innen bereits im Vorschulalter sowie bei Pädagogen und Lehrer im Freizeit- und Schulbereich. Hat sich jedoch eine antisoziale Persönlichkeitsstruktur herausgebildet mit pervers- sadistischen Phantasien und impliziten Theorien auf der Basis risikorelevanter Problembereiche mit entsprechenden Gewalt- und Sexualdelikten, besteht nach Auffassung des forensischen Psychiaters Udo Rauchfleisch nur eine sehr geringe Chance zu einer erfolgreichen Therapie. Es fehlt an der für die Therapie notwendigen Voraussetzung von Seiten des Straftäters. Grund hierfür ist nicht nur die narzißtische Dominanz in ihrer Persönlichkeit, sondern auch die grundsätzliche Ambivalenz und das stetige Mißtrauen gegenüber intensiveren mitmenschlichen Beziehungen, wie sie innerhalb einer therapeutischen Situation unumgänglich erscheint. Zudem erschweren die zumeist negativen Bindungserfahrungen eine konstruktive Bindung an den Therapeuten.

Die Schweizer Psychoanalytikerin Alice Miller hat den Satz geprägt, daß alles dasjenige, was einem Kind an Traumatisierungen, psychischem und physischem Mißbrauch, emotionaler Vernachlässigung in seiner Herkunftsfamilie zugefügt wird, in irgendeiner Form auf die Gesellschaft zurückschlägt, spätestens dann, wenn aus dem Kind ein schwer persönlichkeitsgestörter Erwachsener und zugleich Straftäter geworden ist. Denn in den Verbrechen, die ein Mensch begeht, werden die Mißhandlungen, Traumatisierungen und seelischen und körperlichen Vernachlässigungen immer wieder aufs Neue ausagiert. Die Opfer von Gewaltdelikten sind die tragischen Ersatzobjekte der traumatisierenden frühkindlichen Bezugspersonen, die in ihrer Verantwortung als ethische und moralische Instanzen versagt haben.

Literaturverzeichnis

Beier: Sexueller Kannibalismus. Sexualwissenschaftliche Analyse der Anthropohagie, München

Bolwby, John, W. : Frühe Bindung und kindliche Entwicklung, 1999

Dulz, Birger/ Schneider, Angela: Borderline- Störungen Theorie und Therapie, Stuttgart /New York 1995

Foerster, Manfred J. : Bindungstheorie und Persönlichkeitsstörungen bei Klienten der Straffälligenhilfe, in: DVJJ-Journal Zeitschrift für Jugendkriminalrecht und Jugendhilfe, Heft 3/2002

Derselbe: Frühe Traumatisierungen und Delinquenz -der Täter als Opfer seiner Biographie. Zur Wirklichkeit früher Traumatisierungen im Kontext der Straffälligenhilfe (Ursachen – Auswirkungen - Perspektiven), in: Neue Praxis, Heft 4/2005

Derselbe: Die antisoziale Persönlichkeit im Strafvollzug-dargestellt an der Person des Hannibal Lecter aus dem Film: Das Schweigen der Lämmer, in: Forum Strafvollzug, Heft 3/2013

Derselbe: Psychische Verlaufsphasen zu sexualpathologische Tötungsdelikte, veröffentlicht auf dem Ilias Schreibtisch der Johannes-Gutenberg-Universität Mainz, Fachbereich Erziehungswissenschaft, 2013

Harbort, Stephan: Das Hannibal Syndrom, München Zürich 2011

Kernberg, Otto F.: Borderline Störungen und pathologischer Narzißmus, Frankfurt/Main 1983

Langenfeld, Antonia: Zur Problematik von Hoch-Risiko-Phantasien im Zusammenhang mit sexualpathologischem Verhalten, Bachelorarbeit, Universität Mainz 2013

Miller, Alice: Am Anfang war Erziehung, Frankfurt/Main 1983

Müller, Thomas: Bestie Mensch Tarnung Lüge Strategie, Salzburg 2010

Rauchfleisch, Udo: Begleitung und Therapie straffälliger Menschen, Göttingen 2011

Rohde Dachser, Christa: Das Borderline- Syndrom, Bern 2000

Urbaniok, Frank: Persönlichkeitstäter, Situationstäter und Prognostische Syndrome als Konzepte der Risikobeurteilungen und Risikomanagement, in: Rossegger, Endrass u.a.: Interventionen bei Gewalt- und Sexualstraftätern 2012

IV Die antisoziale Persönlichkeit im Strafvollzug – dargestellt an der Figur des Hannibal Lecter aus dem Film: Das Schweigen der Lämmer

Vortrag gehalten am 15.Mai 2012 in der Hessischen Justizvollzugsschule Wiesbaden, veröffentlicht u.a. auf Ilias – Schreibtisch der Universität Mainz, Fachbereich Erziehungswissenschaft

Einleitung:

Die antisoziale Persönlichkeitsstörung ist gekennzeichnet durch Mißachtung sozialer Normen, geringe Gefühlstiefe und fehlendes Mitgefühl (Empathie) gegenüber Mitmenschen und Tieren. Das Verhalten ist ausschließlich und skrupellos auf den eigenen Vorteil gerichtet; negative Konsequenzen, wie bspw. strafrechtliche Sanktionen führen nicht zu Verhaltensänderungen. Impulsive Ausbrüche, Aggressionen und instrumentalisierte Gewalttätigkeit sind häufig, die Opfer sind zumeist zufällig und ohne Beziehung zum Täter und der Tat.

Laut DSM-IV Diagnostisches Statistisches Manual psychischer Erkrankungen, Cluster IV: (Borderline-Störungen, Narzißtische Persönlichkeitsstörungen und Antisoziale Persönlichkeitsstörungen) sind laut einer Studie in den USA ca.4% der Männer und ca. 1% der Frauen hiervon betroffen. Synonyme Begriffe sind: dissoziale Persönlichkeitsstörungen, Soziopathie, bzw. Psychopathie (Davidson/Neale 1998). Der amerikanische Psychoanalytiker Otto F. Kernberg hat die antisoziale Persönlichkeitsstörung als die schwerste Form der narzißtischen Störung auf der Basis eines sogenannten malignen Narzißmus klassifiziert. Aufgrund von hirnorganischen Untersuchen und verschiedenen Studien kam man zu dem Ergebnis daß Personen, deren Störungsbild das der antisozialen Persönlichkeit entspricht, ein erniedrigtes Niveau psychophysiologischer Erregbarkeit besitzen, welches sich darin bemerkt macht, daß in Streßsituationen adäquate organische Reaktionen, wie Anstieg der Herzfrequenz, Blutdruck etc., ausbleiben. Außerdem ist die Steuerungsfunktion des psychisch-physischen Apparates erheblich eingeschränkt. Zudem ist die Fähigkeit negative Konsequenzen von Handlungen hervorzusehen verringert, da diesen Personen die natürliche Angst, die aus Selbsterhaltungsinteressen stammt, abhandengekommen oder zumindest deutlich reduziert ist. Sie sind weniger neurotisch und nur selten ängstlich. Aufgrund dieses geringen Angstniveaus sind so auch in der Lage ungehemmt antisoziale Verhaltensweisen zu zeigen und Straftaten zu begehen. Daher können sie weit weniger Situationen einschätzen, die für sie gefährlich werden können, als dies bei stabilen Persönlichkeiten der Fall ist. Die weiteren biologischen Gründe einer antisozialen Persönlichkeitsstörung liegen offensichtlich in Funktionsdefizite des Gehirns, vornehmlich im Bereich des vorderen Kortex. So sind die Fähigkeiten zur Empathie, zu Schuldgefühlen, aus Erfahrung, auch aus negativen zu lernen, sowie die Steuerung von Triebbedürfnissen und situativ auftretenden Impulsen kaum vorhanden. Auch das Zusammenspiel zwischen einem erhöhten Testosteronspiegel und einem erniedrigten Serotoninspiegel wirkt sich auf die Gesamtpersönlichkeit aus und führt häufig zu aggressivem Verhalten. Aggressives Verhalten wird bei vielen Tierarten und beim Menschen mit dem Neurotransmitters (Botenstoff des Gehirns) Serotonin in Verbindung gebracht. Studien haben die Annahme bestätigt, daß eine verminderte Konzentration des Serotoninmetaboliten in der cerebrospinalen Flüssigkeit (Rückenmarkswasser) mit menschlicher Gewalt und Aggression korreliert. Ein niedriger Spiegel wurde bei Personen gemessen, die gewalttätig in Verbindung mit Alkohol waren, bei Kindern die Tiere foltern und töten und deren schlechte Impulskontrolle zu zerstörerischem Verhalten führte, sowie bei Personen mit exzessiver Gewalttätigkeit. Dennoch bleibt bei der Mehrzahl der antisozialen Persönlichkeiten die Frage nach der Schuldfähigkeit ihrer strafbaren Handlungen davon unberührt. Das Vorliegen einer antisozialen Persönlichkeitsstörung schließt eine eventuelle Schuldfähigkeit nicht aus, d.h. das Unrecht seiner Taten zu erkennen und gemäß dieser Einsicht, diese zu unterlassen.

Oftmals finden sich in den Biographien antisozialer Persönlichkeiten hinreichende Beweise dafür, daß genetische Faktoren für die Ausbildung dieser Persönlichkeitsstörung vorliegen (transgenerationale Weitergabe elterlicher, bzw. familialer Persönlichkeitsstörungen). Ständige negative Einflüsse im familiären Umfeld, bspw. ein ständiges Klima häuslicher Gewalt, bewirken eine Art Verletzlichkeit, die im Laufe der weiteren Biographie sich in Richtung aggressiven, kriminellen Verhaltens verstärken kann. So verhindern bspw. schwere Vernachlässigungen die Ausbildung eines Urvertrauens, welches für die soziale Kompetenz außerordentlich bedeutsam ist. Untersuchungen an Gewalt- und Wiederholungstätern [1] haben bei einem überwiegenden Teil der Probanden mangelndes Urvertrauen und negative Bindungserfahrungen nachgewiesen. Vernachlässigung, Bindungsunsicherheit, sexueller Mißbrauch, Mißhandlung im Nahbereich des Individuums, mangelnde Zuwendung in Form von ungenügender oder fehlender Befriedigung elementarer Grundbedürfnisse, antisoziales

Verhalten der väterlichen Bezugsperson stehen somit in engem Zusammenhang mit späterem antisozialem Verhalten. Bei einem großen Teil männlicher antisozialer Persönlichkeiten wurden väterliche Gewalterfahrungen nachgewiesen. Kommen weitere Ausformungen pathologischer Über-Ich Strukturen[2] sowie strukturelle Ich-Schwächen, etwa bei selbstunsicheren Klienten oder mangelnde bzw. fehlende Impulskontrolle, ein hohes Aggressionspotential, welches auch psychosexuell determiniert sein kann und überwiegend unsichere Bindungserfahrungen in der frühen Kindheit dazu, so ist oftmals der Weg in die Delinquenz vorgezeichnet, wenn nicht rechtzeitig Korrekturen erfolgen. Van Iyzendoorn u.a.[3] fanden bei einer Untersuchung von gewalttätigen und nichtgewalttätigen Sexualdelikten sowie gewalttätigen und nichtgewalttätigen Straftätern ohne Sexualdelikte je nach Gruppe zwischen 67 % und 97% mit unsicheren Bindungserfahrungen vor. 1997 untersuchten van Iyzendoorn u.a. in einer forensisch-psychiatrischen Einrichtung in Holland 40 persönlichkeitsgestörte Patienten und stellten über 90% unsichere Bindungsqualifikationen fest. Wir dürfen also davon ausgehen, daß unsichere Bindungserfahrungen, wie die unsicher-vermeidende, die unsicher-ambivalente und die unsicher- desorganisierte/desorientierte Bindung zu einer Genese pathologischer Beziehungsformen und strukturellen Persönlichkeitsstörungen in erheblichem Maße beitragen. Die Untersuchungen von Sachsse[4] aus dem Jahre 2003 belegen diese These. Sichere Bindungserfahrungen hingegen bieten im hohen Maße die Gewähr dafür, daß sich Vertrauen in die Welt, Beziehungskompetenz, Objektliebe und eine positive geistig seelische Entwicklung entfalten können.

Fonagy u.a.[5] fanden 1997 in einer breit angelegten Studie heraus, daß frühe Gewalterfahrungen im sozialen Nahraum die Wahrscheinlichkeit erhöhen Gewaltverbrechen zu begehen. Wir haben es also vielfach mit Tätern zu tun, die früher selber Opfer waren. Aus ökologischer Sicht könnten Müller-Isberner zufolge Umweltgifte, die organische und möglicherweise auch psychische Schäden hinterlassen, einer der Gründe für den Anstieg des antisozialen Verhaltens der postmodernen Generation sein, da solche Schädigungen die Fähigkeiten zur Selbstkontrolle mindern.

Das Risiko einer Erkrankung ist jedoch individuell und variiert hinsichtlich der genetischen Ausstattung, der seelisch-geistigen Struktur und einem psychosozialem Klima, die zusätzliche Faktoren bereithalten, die die Verletzlichkeit und Störanfälligkeit von Kindern und Jugendlichen erhöhen.

Im Jahre 2002 untersuchten Avchalom Caspi und Mitarbeiter in Neuseeland 442 männliche Erwachsene, von denen 154 in ihrer Kindheit sexuellen und/oder körperlichen Traumatisierungen durch ihre Bezugspersonen ausgesetzt waren. Hierbei wurde an den untersuchten Personen der Einfluß eines bestimmten Gens, welches die Hirnchemie beeinflußt, analysiert. Dieses Gen kommt sowohl in einer schwach- aktiven Variante, als auch in einer stark- aktiven Variante im menschlichen Organismus vor. Dieses Gen bestimmt das Niveau der Monoaminooxidase (MAO-A), dieses Enzym verstoffwechselt die Neurotransmitter Serotonin, Dopamin und Norepinephrin (Norradrenalin). 85 % der Versuchspersonen, die traumatisiert waren und zudem die schwach-aktive Variante des Gens aufwiesen, entwickelten Formen eines antisozialen Verhaltens. Die Untersuchungsteilnehmer mit der stark aktiven Variante hingegen wurden äußerst selten durch antisoziales Verhalten auffällig, unabhängig davon, ob sie als Kind traumatisiert wurden oder nicht.

Merkmale einer antisozialen Persönlichkeit

Zunächst bleibt festzustellen, daß die Diagnose „Antisoziale Persönlichkeit" eine nachträgliche Diagnostizierung bedeutet, die sich aus dem Täterprofil, dem Tatgeschehen (Opfer, Tatort) und der Biographie des Täters ergibt. So kann es durchaus vorkommen, daß in spezifischen Fällen eine solche Persönlichkeitsstörung „unentdeckt" bleibt, weil keine hinreichenden Handlungen vorgelegen haben oder die Persönlichkeitsstruktur im Zuge der Ermittlungs- und Begutachtungsverfahren nicht erkannt wurde. Ein solcher Verdacht drängt sich bspw. bei dem Mörder des 11 jährigen Bankierssohn Jacob von Metzler (Markus Gäfgen) auf. Einiges in seinem Verhalten und seiner Persönlichkeit spricht dafür, daß er dem klassischen Bild einer antisozialen Persönlichkeit auf der Basis einer malignen narzißtischen Störung entspricht (Kernberg). Andererseits darf aus Gründen einer vorschnellen Stigmatisierung und subjektiven Sichtweise nicht jeder Gewalt- bzw. Sexualdelikter als „Antisoziale Persönlichkeit" klassifiziert werden. Die „antisoziale Persönlichkeit" repräsentiert eine hochspezifische Ausnahmeerscheinung im breiten Spektrum gewaltkontaminierter und nichtgewaltkontaminierter Kriminalität und es würde den Blick auf unterschiedliche Täterbiographien und Persönlichkeitsstrukturen verstellen, würde man diese schwerwiegende Diagnostik, auch im Hinblick auf therapeutische Prognostizierungen, zu pauschal anwenden. Auch ist nicht jeder Straftäter oder auch Gewaltdelikter als antisoziale Persönlichkeit anzusehen, wenngleich durchaus antisoziale Verhaltensweisen offenkundig sind. Bei diesen Straftätern, die oftmals unter Persönlichkeitsstörungen wie Borderline-

Persönlichkeitsstörungen leiden, und/oder narzißtische Persönlichkeitsprofile aufweisen sind sozialtherapeutische und/oder verhaltensbasierte Interventionen, wie etwa Anti- Aggression-Training durchaus angebracht und können positive Verhaltensänderungen im Sinne des § 1 des Strafvollzugsgesetzes, nämlich künftig ein Leben in Straffreiheit zu führen, bewirken.

Wie bereits oben angedeutet, kann eine sichere Diagnose nur empirisch gültig gestellt werden, wenn innerhalb des diagnostischen Verfahrens jene psychischen Verlaufsphasen, die über sogenannte Hoch-Risiko- Phantasien, in denen sadistisch sexualpathologische Handlungen imaginiert werden und die schließlich zu den Taten (bspw. Tötungs-, Sexualdelikten) geführt haben, betrachtet werden, sowie über die Anamnese der Persönlichkeitsstruktur des Täters, dem Tatgeschehen und der „Ausgestaltung" des Tatortes, bzw. einer möglichen Degradierung des getöteten Opfers. So wurde beispielsweise bei dem 4 fachen Mörder Jürgen Bartsch 1962 anläßlich eines Strafverfahrens vor dem Amtsgericht Wuppertal wegen Körperverletzung auf solches verzichtet und das Verfahren eingestellt. In Wirklichkeit lag der Tathandlung ein sexueller Mißbrauch unter erheblicher Gewaltanwendung zugrunde, den Bartsch als vorläufiger „Höhepunkt" seiner hochriskanten Gewaltphantasien durchführte. Hier hätte möglicherweise eine umfassende Diagnostik in Richtung einer antisozialen Persönlichkeitsstörung zu entsprechenden jugendstrafrechtlichen und therapeutisch-pädagogischen Konsequenzen geführt. Der Zug zum Serientäter war hier augenscheinlich noch nicht abgefahren und entsprechende pädagogisch/therapeutische Interventionen, wie sie etwa bei borderlinegestörten Kindern und Jugendlichen indiziert werden, hätten unter Umständen. eine positive Verhaltensänderung gebracht. Nur 2 Jahre später beging Bartsch seinen ersten Mord, der zunächst unentdeckt blieb. Seinen eigenen Ausführungen zufolge, entwickelten sich seine mörderischen Phantasien gerade in diesem Zeitraum mit ungeheurer Intensität. Bei Kindern und Jugendlichen, die in ihrem Erscheinungsbild ähnliche Verhaltensweisen, verbunden mit hochriskanten Phantasien, wie sie etwa bei dem Kannibalen von Rothenburg Meiwes aufgrund von forensischen Explorationen festgestellt wurden, liegt zumindest der Verdacht nahe, daß es sich hierbei um eine antisoziale Persönlichkeitsentwicklungsstörung handelt, die jedoch zu diesem Zeitpunkt noch therapierbar ist. Bei Meiwes hatten die Schlachtungsphantasien und kannibalistischen Vorstellungen bereits im Kindesalter begonnen.

Die antisoziale Persönlichkeit zeigt ein komplexes Erscheinungsbild. Das Hauptmerkmal dieser psychosozialen Störung ist ein durchgängig verantwortungsloses und antisoziales Verhalten. Insofern ist es oftmals nur an den komplexen strafbaren Handlungen erkennbar.

Antisoziale Persönlichkeiten neigen dazu, abgebrüht und zynisch zu sein. Gegenüber ihren Mitmenschen fehlt ihnen häufig jegliches Mitgefühl, gleichzeitig mißachten sie deren Gefühle, Rechte und Leiden. Sie versuchen andere zu mißbrauchen um ihren Nutzen daraus zu ziehen. Demzufolge besitzen sie weder Schuldgefühle, noch zeigen sie Anzeichen von Reue. Personen mit einer antisozialen Persönlichkeit sind unfähig aus Erfahrungen sowie aus Fehlern zu lernen, selbst wenn sie dafür bestraft werden. Nach der ICD-10 (Internationale Klassifikation von Krankheiten und verwandter Gesundheitsprobleme) gibt es spezifische Merkmale, nach denen eine antisoziale Persönlichkeitsstörung diagnostiziert werden kann. Mindestens drei der genannten Kriterien müssen, neben sozialer Abweichung charakterologischer Besonderheiten, insbesondere Egozentrik, mangelndes Einfühlungsvermögen und defizitäre Gewissensbildung erfüllt werden.

- Mangelnde Empathie und Gefühlskälte gegenüber anderen
- Mißachtung sozialer Normen
- Beziehungsschwäche und Bindungsstörung
- Geringe Frustrationstoleranz und impulsiv-aggressives Verhalten
- Mangelndes Schulderleben und Unfähigkeit zum sozialem Lernen
- Vordergründige Erklärung für das eigene Verhalten und unberechtigte Beschuldigung anderer auf der Grundlage eines pathologischen Über-Ichs
- Anhaltende Reizbarkeit und 8), da die antisoziale Persönlichkeit oftmals mit einem malignen Narzißmus korrespondiert, ein hohes Maß an Manipulationsfähigkeit, wie wir sie bei Hannibal Lecter beobachten können.

Auswirkungen einer antisozialen Persönlichkeitsstörung auf Straftäter:

Obgleich sich kein allgemeingültiger Persönlichkeitstypus festlegen läßt, zeigen verschiedene Untersuchungen vergleichbare Übereinstimmungen bezüglich Verhaltensmerkmale, Konfliktbereiche (im allgemeinen psychophysische Streßsituationen) und in Bezug auf individuelle Verarbeitungsstrategien. Bei etlichen dieser Klienten sind in der frühen Kindheit erfahrene Traumatisierungen nachzuweisen. Im späteren Leben werden derartige als schmerzhaft empfundene Erfahrungen um jeden Preis vermieden. Durch frühe Versagenserlebnisse im Sinne fortwährender narzißtischen Kränkungen verspüren sie großes Verlangen nach Zuwendung, Anerkennung und Einverleibung verschiedenster Objekte in

Form von Alkohol, Drogen, bis hin zu den Mitmenschen, die in bestimmter Weise funktionalisiert werden.

Ein weiteres Problem der antisozialen Persönlichkeitsstörung bei Straftätern liegt in der Entwicklung der Autonomie, da sie weder in der Kindheit noch im späteren Leben, trotz negativer Erfahrungen dazu in der Lage sind sich von ihrer Bezugsperson (bspw. Mutter) zu lösen; sind daher in einer hochambivalenten Weise an ihre Bezugsperson gebunden.

Die Auswirkungen antisozialer Persönlichkeitsstörungen bei Straftätern umfassen eine breite Skala von Straftaten. Sie reichen von Gewalteinwirkungen gegen Sachgegenständen bis hin zu Tötungs-, Raub-, Erpressungs-, Körperverletzungs- und Sexualdelikten. Anhand zahlreicher Fälle von Gewalt- und Sexualdelikten, fällt auf, daß die Täter meist intelligent sind und berufliche Karrieren nachzuweisen haben. Im Umgang mit ihren Mitmenschen agieren sie zumeist in versteckter oder offener Form einer aggressiven. Grundtönung ihres Handlung- und Kommunikationsrepertoire. Es besteht ein durchgängiges Mißtrauen gegen die Objekte der Außenwelt, das u.a. zu den Risikofaktoren für spätere Gewalt- und Wiederholungsstraftaten zählt.

Rauchfleisch [6] zufolge besteht bei antisozialen Straftätern nur eine sehr geringe Chance zur Therapie. Es fehlt an der für die Therapie notwendigen Voraussetzung von Seiten des Straftäters. Grund hierfür ist nicht nur die narzißtische Dominanz die eine kritische Reflexion über das eigene Verhalten ausschließt, sondern auch die grundsätzliche Abneigung gegenüber intensiver mitmenschlicher Beziehung, wie sie innerhalb eines therapeutischen Settings unumgänglich erscheint. Aus Sicht der Bindungstheorie verhindern die überwiegend negativen Bindungserfahrungen der Klienten eine konstruktive Bindung an den Therapeuten, welche für den Therapieprozeß notwendig erscheint. Den jüngeren Erkenntnissen der klinisch-therapeutischen Konzeptionen zufolge hängt ein Therapieerfolg u.a. von der Qualität der frühen Bindungserfahrungen und der hierdurch verinnerlichten Muster von Objektbeziehungen ab. Diese liefern wichtige Hinweise auf die Bindungsfähigkeiten und somit infolge auf die Resozialisierungsaussichten von Gewalt- und Sexualdelinquenten. Sollte dennoch Grund zur Annahme einer erfolgreichen „Resozialisierung" bestehen, so ist zu bedenken, daß die scheinbar „positive Persönlichkeitsveränderung" einer „als ob Persönlichkeit" [7] geschuldet sein kann, die manipulativ von Seiten des Straftäters vorgetäuscht wird um irgendwelche Vollzugsvorteile zu erlangen.

Die üblichen Resozialisierungsstandards des Behandlungsvollzuges unter den besonderen Bedingungen einer Justizvollzugsanstalt, wie Schulabschlüsse, Arbeitsprogramme, kognitiv-sprachliche Auseinandersetzung mit Tat und Schuldanteilen, Antigewalttrainingsprogramme sowie relativ unauffälliges Verhalten im Vollzugsalltag können Anhaltspunkte für ein gewisses Nachreifen der Persönlichkeit des Straftäters bieten. Sie alleine sind jedoch keine hinreichenden Merkmale einer nachhaltigen Aufarbeitung oder Veränderung der neuronalen Strukturen und damit ein Nachweis, daß der Täter beispielsweise seine psychosexuelle und/oder pervers sadistische Persönlichkeitsstruktur grundlegend geändert hat. Hinzu kommt, daß gerade Straftäter mit den Merkmalen einer antisozialen Persönlichkeitsstörung über ein ausgesprochen hohes Maß an Manipulationsfähigkeit verfügen und somit die von Rohde-Dachser definierte „Als ob Persönlichkeit" nach außen hin ausgezeichnet darstellen können. Sozialtherapeutische Maßnahmen ohne Voraussetzung und/oder Integration geeigneter psychotherapeutischer Programme bilden daher noch keine Sicherheit für umfassende und nachhaltige Veränderungen im psychosexuellen und/oder psychosozialen Verhalten des antisozialen Straftäters. Wobei immer auch davon ausgegangen werden muß, daß jedwede Therapie an der mitunter bizarren und schwer einzuordnenden Persönlichkeit eines solchen Straftäters scheitern kann.

Bereits 1972 forderte der frühere Anstaltsleiter der Jugendstrafanstalt Wiesbaden und Kriminalpädagoge Max Busch[8] die Einbeziehung tiefenpsychologischer, bzw. psychoanalytischer Konzepte in die Resozialisierungsprogramme schwer gestörter Straftäter. Hiermit war nun keineswegs gemeint, soziale Realitäten der Alltagsbewältigung aus den Therapiekonzepten auszublenden. Vielmehr sollen sie die Rahmenbedingungen bilden, innerhalb derer erst nachhaltigere Reifungsschritte in einem gesicherten und überprüfbaren Behandlungsrahmen entwickelt werden können. Die Vermittlung und Kontrolle sozialer Realitäten, wie Berufsausbildungen, Antigewalttraining, Schulabschlüsse etc. macht in Bezug auf die antisoziale Täterpersönlichkeit nur dann einen Sinn, wenn diese eng an solche psychotherapeutischen Programme angebunden sind. Die Gründe, die für eine Integration dieser Konzepte sprechen, liegen in der Wahrnehmungs- und Erfahrungsstruktur antisozialer Persönlichkeiten, welche durch die sogenannten bösen, aggressiv besetzten Über-Ich Vorläufer der frühen Kindheit dominiert sind. [9] Deren Wurzeln liegen in den negativen Bindungserfahrungen mit den primären Bezugspersonen, welche sie überwiegend und dauerhaft als traumatisierend erlebt haben. Aus bindungstheoretischer Sicht sind diese Beziehungsmuster unsicher-vermeidend; unsicher-ambivalent und unsicher desorientiert/desorganisiert abgelaufen mit den Merkmalen der psychischen und physischen Vernachlässigung, des Mißbrauchs und der Mißhandlung, die allesamt traumatisierend und deprivierend auf die kindliche Persönlichkeit eingewirkt haben. Infolgedessen können diese Menschen auch keine ganzheitliche Objekt- und Selbstwahrnehmung entwickeln, was zu ständigen Abspaltungen und Projektionen der eigenen unbewußten bösen Anteile ihrer kindlichen Traumatisierungserlebnisse auf die Außenwelt führt. D.H. sie projizieren ihre eigenen verdrängten, negativ besetzten Beziehungserfahrungen mit ihren elterlichen Bezugspersonen auf andere. Für etwaige sozialtherapeutische Programme hat dies zur Folge, daß der antisoziale Straftäter die vermittelten Inhalte in hochambivalenter Weise an seine therapeutischen Bezugspersonen bindet und zwar so, wie er sie seinen frühkindlichen Erfahrungen entsprechend anhand der elterlichen Bezugspersonen erlebt hat. Es kommt also gewissermaßen bei ihm immer wieder zu Flash-Back-Erlebnissen, in denen die Inhalte seiner erlebten Traumatisierungen und die sie auslösenden Bezugspersonen auftauchen. Diesen für therapeutische Interventionen hoch belastende Projektionen adäquat begegnen zu können, bedarf es von Seiten des Vollzugspersonals einer differenzierten Wahrnehmung von Übertragungsgefühlen des Straftäters und den eigenen Gegenübertragungsgefühlen. Denn aus Sicht des Klienten spiegeln sich in der Person des Therapeuten und/oder des übrigen Vollzugspersonals all jene frühkindlichen traumatisch erlebten Versagungen, Missbrauchserfahrungen und Grenzüberschreitungen mit den Bezugspersonen wieder, die zur Pathogenese seiner Persönlichkeit in hohem Maße beigetragen haben. Sie befolgen somit immer dasjenige, was ihnen instrumentell im Rahmen einer lerntheoretisch ausgerichteten Sozialtherapie unter einem System von Belohnungs- und Sanktionskriterien abverlangt wird. Mit anderen Worten, sie werden in der Regel im Vollzug versuchen sich so zu verhalten, daß sie negative Sanktionen vermeiden und Belohnungen in Form von Vollzugslockerungen, vorzeitigen Entlassungen und ähnliches mehr erwarten dürfen. Falls diese These zutrifft, und Beobachtungen aus der Praxis sprechen dafür, ließe sich hiermit u.a. erklären warum solche Lernerfahrungen unter dem Druck nicht aufgearbeiteter Triebimpulse im „Leben da draußen" versagen. Offensichtlich verbleiben derartige Lerninhalte auf der kognitiv-instrumentellen Ebene und wirken nicht oder nur unzureichend in jene emotionalen Verhaltensbereiche hinein, die Ausdruck seiner Persönlichkeitsstörungen sind. Im äußern Erscheinungsbild hingegen repräsentieren sie eine intelligente und sozial angepaßte Persönlichkeit, die Rohde-Dachser eine „Als ob Persönlichkeit" bezeichnet hat.

Die antisoziale Persönlichkeitsstörung dargestellt an der Person des Hannibal Lecter aus dem Film „Das Schweigen der Lämmer"

1984 erschien der Roman „Das Schweigen der Lämmer" von Thomas Harris. Es war das zweite Buch der sogenannten „Hannibal-Reihe". Insgesamt sind in dieser Reihe 4 Romane erschienen, die allesamt verfilmt wurden und sich mit der Biographie, bzw. mit den Verbrechen von Hannibal Lecter beschäftigen. In geordneter Reihenfolge besteht die Reihe aus folgenden Titeln: „Roter Drache"; „Das Schweigen der Lämmer"; „Hannibal" und „Hannibal Rising". Hannibal Lecter ist ein hochkompetenter und überaus intelligenter forensicher Psychiater, der vor seiner Verhaftung vom FBI des Öfteren als Profiler zwecks Analyse und Aufdeckung schwer gestörter Gewalttäter herangezogen wurde. Über einen längeren Zeitraum hat Lecter selber gemordet, zumeist seine Patienten und sich als Kannibale betätigt. Im Zuge einer derartigen Ermittlung ist der FBI-Agent Will Graham auf Lecters mörderisches Treiben gestoßen und unter Einsatz seines eigenen Lebens gelang es diesem ihm, ihn festzunehmen. Diese Episode wird in dem Film „Der rote Drache" geschildert und ab hier beginnt Lecters „Karriere" im Hochsicherheitstrakt des Baltimore Forensic State Hospitels. Der Film, bzw. der Roman „Das Schweigen der Lämmer" beginnt zu einem Zeitpunkt, wo Lecter schon einige Jahre in diesem Gefängnis verbringt und davon ausgeht, Zeit seines Lebens diese Anstalt auch nicht mehr als freier Mann verlassen zu können.

Durch die Verfilmung des zweiten Romans im Jahre 1991 wurde die literarische Figur des Hannibal Lecter international bekannt. In kongenialer Weise hat der englische Schauspieler Anthony Hopkins diese Figur verkörpert und gab dem wohl bis heute gefährlichsten und bekanntesten Serienmörder der Literatur ein Gesicht. Wie bereits erwähnt, verfügt Lecter über eine außerordentliche Intelligenz und Sprachbegabung, die seine ohnehin hochkompetente Fähigkeit als ehemaligen Psychiater und Psychotherapeuten nicht nur unterstützen, sondern ihn auch zu einem schwer durchschaubaren Gesprächspartner machen, was sich vor allem in Dialogen mit der FBI-Agentin Clarice Starling zu deren Nachteil niederschlägt. Mittels seiner hohen Intelligenz und seines eidetischen Wahrnehmungsvermögen was ihn befähigt, sich in die Gedanken und Phantasiewelten seines Gegenübers hineinzuversetzen, ist er jederzeit in der Lage andere zu manipulieren. Diese Manipulationsfähigkeit, eines der wesentlichen Verhaltensmerkmale antisozialer Persönlichkeiten, zeigt sich insbesondere in den Gesprächen mit Clarice Starling. Diese hat den Auftrag erhalten, Lecter zwecks Mithilfe zur Aufklärung mehrerer Morde zu interviewen da das FBI davon ausgeht, daß Lecter aufgrund seiner eigenen Persönlichkeitsstruktur und seines Erfahrungen als ehemaliger Forensiker dazu in der

Lage ist. Im nachfolgenden soll daher auf diesen Persönlichkeitsaspekt genauer eingegangen werden. Starling, die sich noch in Ausbildung befindet, wurde zuvor von ihrem Mentor eindringlich davor gewarnt keine persönlichen Auskünfte über sich preiszugeben, nichts von Lecter anzunehmen und räumliche Distanz zu wahren. „Sie wollen doch nicht Hannibal Lecter ins Hirn bekommen", diese rhetorische Frage gibt der Mentor Crawford ihr als Warnung mit. Lecter gelingt es im Verlaufe von vier Gesprächssituationen, Starling so zu manipulieren, daß diese die Warnungen ignoriert und zum „Opfer" der Manipulationskünste Lecters wird und dieser die Gespräche dominiert. Das gefährliche an Hannibal Lecter ist die Kombination seiner hohen Intelligenz und seiner außergewöhnlichen Ich-Stärke, mit der er seine Ziele verfolgt. Denn hieraus entwickelt sich sein Manipulationspotenzial welches er bedenkenlos einsetzt. Anhand der vier Begegnungen mit Clarice Starling wird dies deutlich. Bereits beim ersten Kontakt bestimmt er den Verlauf des Gespräches. Nachdem er ihren FBI-Ausweis gesehen hat, wobei er sie auffordert näher an die gläserne Trennwand zu treten, stellt er fest, daß der Ausweis in Bälde abläuft. Er äußert, daß Starling „nicht wirklich" beim FBI angestellt ist, will sagen, keine feste Anstellung besitzt. Starling gibt zu, daß sie sich noch in Ausbildung befindet. Lecter:„das FBI schickt eine Anfängerin zu mir!" Damit stellt er von vorneherein ihre Kompetenz in Frage und beginnt eine Art Psychospiel, was er als Psychiater sehrgut beherrscht. Seine Dominanz besteht darin, daß er Starling offen verspottet und mehrere Versuche ihrerseits abblockt, ihn dazu zu bringen einen Fragebogen auszufüllen. Ein weiterer Beweis seiner Dominanz besteht darin, daß er Starling anweist sich auf einen bereitgestellten Stuhl zu setzen, wobei er in einer ruhigen, scheinbar emotional kontrollierten und kontrollierenden Haltung mit undurchdringlichem Blick steht. Die Hände zurückhaltend. Von Anfang zeigt seine Körperhaltung, daß er der Überlegene ist und seine Gefühle und Einstellungen verborgen hält um Macht und Kontrolle über die Gesprächssituation zu wahren. Anstatt seine Einschätzung über den gesuchten Serientäter preiszugeben, gelingt es Lecter das Gespräch so zu manipulieren, daß Starling innerhalb weniger Augenblicke persönliche Dinge über sich berichtet, ohne daß ihr dies bewußt wird. Lecter hingegen geht erst gar nicht auf Fragen ein, sondern benutzt sie nur als Überleitung, um Starling im Gegenzug eine persönliche Frage zu stellen. Er bestimmt denn auch den Zeitpunkt um ihm den Fragebogen zukommen zu lassen. Kurzfristig gibt er Starling das Gefühl der Kooperation, gibt ihr aber deutlich zu verstehen, daß er für sie wegen ihrer Herkunft, ihres Ehrgeizes beim FBI Karriere machen zu wollen und ihrer äußeren Erscheinung nichts als Verachtung übrig hat. So bezeichnet er sie als „sauber abgeschrubbten Bauerntrampel, mit billigem Täschchen und Schuhen". Von Anfang an läßt er keinerlei Zweifel aufkommen, daß er aufgrund seiner langjährigen Erfahrung und Menschenkenntnis als Psychiater sie bloßstellt. Seine Gefährlichkeit zeigt sich zunächst auf der taktischen Ebene, wie er das Gespräch dominiert und manipuliert. Als Starling ihn fragt, warum er seine Menschenkenntnis nicht auf sich selber anwendet, wird zum ersten Male deutlich welche physische Brutalität von ihm ausgeht. In einer Art unkontrolliertem Wutausbruch schlägt er mit voller Wucht gegen die metallene Transportschublade, zugleich bedroht er Starling indirekt mit der Schilderung eines Mordes an eines seiner Opfer, dessen Leber er mit einem „ausgezeichneten Chianti" genossen habe. Letztendlich steht er als Sieger, da er Starling eingeschüchtert hat und sie nun den vollsten Respekt vor seiner Gefährlichkeit zeigt. Erst nachdem sie beim Verlassen der Station von einem Mithäftling in übler Weise beschimpft wird, übernimmt Lecter vordergründig und nicht ohne Hintergedanken die Beschützerrolle und die Verantwortung für das Geschehene. Als Entschuldigung verspricht er die Zusammenarbeit mit Starling und dem FBI und schafft somit wiederum selber den Zeitpunkt und den Grund für seine Mithilfe zu bestimmen.

Von Anfang an gibt Lecter sein Wissen um den zu identifizierenden Serienkiller mit dem Scheinnamen „Buffalo Bill" nicht preis. Vielmehr nutzt er seinen Wissensvorsprung um Starling und das FBI in ein Abhängigkeitsverhältnis zu drängen. Diese Abhängigkeit reduziert er auf einen simplen Warenaustausch: mehr Informationen gegen eine Verlegung in ein normales Gefängnis, welches er für den wahren Zweck dieses „Geschäftes" sieht, nämlich die Möglichkeit zur Flucht, die aus dem Hochsicherheitstrakt unmöglich erscheint. Zum zweiten Treffen mit Lecter bringt Starling einen entsprechenden Vertrag mit, der Lecters Wunsch nach Verlegung beinhaltet. Dieses zweite Treffen ist von einer gewissen Vertraulichkeit gezeichnet. Lecter reicht Starling, die in einer Regenschauer geraten ist, ungefragt ein Handtuch um sich abtrocknen zu können und beginnt sie mit ihrem Vornamen anzusprechen. Seine hohe Manipulationsfähigkeit zeigt sich darin, daß er die Gespräche mit Starling für seine beiden Hauptinteressen benutzt, nämlich die Offenlegung ihrer Gefühlswelt und die Verlegung in eine weniger abgesicherte Anstalt, die ihm eine Fluchtmöglichkeit eröffnet. Zuvor hatte er bemerkt, daß er sich darüber im Klaren ist, daß er diese Anstalt niemals lebend verlassen kann.

Den Höhepunkt seiner manipulativen Fähigkeit zeigt Hannibal Lecter während der dritten Begegnung mit Clarice Starling. Er drängt die FBI Agentin mit der einfachen Formel „Quid pro quo" dazu ihm für jedes Detail, das er über den Serienkiller preisgibt, etwas Persönliches aus ihrer Kindheit zu erzählen. Somit versteht er es in geschickter Weise aus dem einfachen

Informationsaustausch eine Zwangssituation für Starling zu konstruieren. Starling berichtet ihm von dem frühen tragischen Tod ihres Vaters, der Polizist war und bei einem Einsatz sein Leben verlor und sie daraufhin auf die Farm ihres Onkels kam. Lecter gibt ihr das Gefühl der Anteilnahme und eines echten Interesses. Im Gegensatz zu den bisherigen Begegnungen scheint sich seitens Lecter ein gewisses Freundschafts- und Vertrauensverhältnis zu entwickeln. Für Starling wird es indes immer schwieriger die Grenzen zwischen aufrichtigen und berechnenden, manipulativen Fragen zu erkennen. Lecter scheint es gelungen zu sein, die Zwangs- und Ausbeutungsverhältnisse zwischen ihm und Starling als Basis der „Illusion einer tiefen und verständnisvollen Beziehung,"[10] herauszustellen.

Während des vierten und letzten Gespräches zwischen Starling und Lecter scheint das aufgebaute scheinbare Vertrauensverhältnis gestört zu sein. In der Zwischenzeit hat sich das Angebot des FBI Lecter als Gegenleistung für seine Kooperation in ein anderes Gefängnis zu verlegen als nichtig erwiesen. Nunmehr sieht sich Lecter als der Betrogene. Für ihn ist dies eine starke narzißtische Kränkung, die er gegenüber Starling hinter Zynismus versteckt. Außerdem bedauert er, daß er die ungleiche Situation, die ihn nur als Verlierer zurückläßt, nicht erkannt zu haben. Alle Versuche Starlings ihm den Namen des gesuchten Serienmörders zu entlocken werden von ihm abgeblockt. Stattdessen weicht er in geistreichen und kryptischen Überlegungen hinsichtlich der Identität des Mörders aus. Er ist nun wieder derjenige, welcher die Oberhand über den weiteren Verlauf des Gesprächs gewinnt. Er fordert Starling auf ihm zu erzählen, was nach dem Tode ihres Vaters auf der Farm ihres Onkels genau geschehen ist. Mit einfühlsamen Fragen erfährt er letztlich Starlings traumatische Erlebnisse mit den Lämmern auf der Farm ihres Onkels, die geschlachtet werden sollen und den Versuch ihrerseits eines dieser Lämmer zu retten, was ihr aber nicht gelungen ist. Seitdem wacht sie oftmals nachts auf und hört das Schreien der Lämmer. Lecter nutzt den Augenblick aus und formuliert ihre Angst und Hoffnung im Zusammenhang mit dem aktuellen Mordfall. Wenn der Mörder gefaßt wird, so hofft Starling, wird sie das Schreien der Lämmer nicht mehr hören. Das Schweigen der Lämmer bedeutet für sie, ihr Trauma überwunden zu haben. Nachdem Lecter ihr psychisches Trauma erfahren hat, ist Starling für ihn uninteressant geworden. Er läßt die verwirrt wirkende Starling nun auf sich allein gestellt und wendet sich von ihr ab. Für ihn ist die Person Clarice Starling ein abgeschlossener Fall. Er hat alles über sie erfahren, was er wissen wollte, ohne daß er eine Gegenleistung erbracht hat. Von Anfang an hat er durch gezielte Fragen genau die persönlichen Informationen über sie bekommen, die er haben wollte.

Entgegen der Annahme von Udo Rauchfleisch, [11] daß antisoziale Persönlichkeiten in der Regel aus Familien stammen, in denen große psychische und materielle Mißstände vorherrschen und das familiäre Erziehungsklima dauerhaft prägen, trifft dies auf Hannibal Lecter nicht zu. Lecter entstammt einer Familie aus der lettischen Oberschicht, die allerdings durch die Geschehnisse der deutschen Besetzung im Zweiten Weltkrieg aus ihrem behüteten Umfeld gerissen wurde. Darunter hat auch der damals 8 jährige Hannibal gelitten. Gleichwohl ist nachgewiesen, daß antisoziale Persönlichkeiten in nahezu allen sozialen Schichten vorkommen.

Auf Hannibal Lecter treffen alle vier Merkmale einer schweren, malignen narzißtischen Persönlichkeitsstörung zu, welche die psychische Basis seines antisozialen Verhaltensrepertoires bildet. Diese liegen sowohl in seinen Objektbeziehungen, als auch in seiner pathologischen Ich-Struktur. Auf ihn trifft daher in vollem Umfang Kernbergs Feststellung zu,[12] daß die schwerste Form der narzißtischen Störung die antisoziale Persönlichkeitsstörung ist. Im Einzelnen lassen sich bei ihm eine pathologische Selbstliebe, eine pathologische Objektbeziehung, ein grundlegender pathologischer Ich-Zustand und eine ausgeprägte bösartige Über-Ich –Pathologie nachweisen. Diese schweren Ich strukturellen Störungen lassen sich wie folgt beschreiben: die Pathologische Objektbeziehung zeigt sich in der permanenten Entwertung anderer, im gesamten Repertoire eines manipulativen Verhaltens und Handelns, sowie die Unfähigkeit Empathie zu entwickeln; die Pathologische Selbstliebe äußert sich durch exzessive Selbstbezogenheit, Grandiositätserleben, überheblicher und rücksichtsloser Ehrgeiz, Angewiesenheit auf Bewunderung, emotionale Flachheit, sowie Anfälle extremer Unsicherheit; die Über-Ich-Pathologie zeichnet sich durch ein bösartiges Über-Ich-System, bzw. Normen- und Wertesystem aus, welches ubiquitäre Wertsysteme und gesellschaftliche Normen mißachtet, dabei geht die Unfähigkeit Trauer und Scham zu empfinden einher; schließlich die schwere Ich-strukturelle Störung führt zu Gefühlen der Isolation, der Unfähigkeit zu lernen, auch aus gemachten negativen Erfahrungen. Hierin liegt offensichtlich auch ein Grund häufiger Rückfälligkeit im strafrechtlichen Sinne. Alle diese Merkmale lassen sich in der fiktiven Figur des Hannibal Lecter nachweisen.

Hannibal Lecter ist und bleibt eine fiktive Figur, die zum ultimativen Bösen stilisiert ist. Er selber sagt an einer Stelle des Films über sich aus, daß er das „absolut Böse" verkörpert. Um diese Bösartigkeit szenisch darzustellen, wird sein Denken und Handeln in einer beispiellosen Weise dramatisiert. Gleichwohl gründet sich der Roman von Harris auf einen tatsächlichen

Fall äußerster Brutalität und krimineller Energie. In den siebziger Jahren saß wegen mehrfachen Mordes der Engländer Robert John Maudsley ein, er folterte Mithäftlinge und trennte deren Schädel mit einer Eisensäge auf, um anschließend deren Gehirn zu essen. Nach den Gefängnismorden wurde er in einer hochgesicherten Spezialeinrichtung verbracht, wo er bis heute in völliger Isolation hinter einer Panzerglasscheibe einsitzt. In der Person Hannibal Lecters verdichten sich sämtliche Eigenschaften und Charaktermerkmale einer antisozialen Persönlichkeit mit starken malignen narzißtischen Anteilen. In den Dialogen Lecters mit der jungen FBI-Agentin Clarice Starling kommt Hannibals narzißtisches Manipulationsverhalten und seine, nur indirekt spürbare, sprachliche Brutalität zum Ausdruck. Die Reaktion und das Verhalten von Clarice Starling stellt ein Musterbeispiel dar, wie man sich als Therapeut, Vollzugspersonal etc. gegenüber einer antisozialen Persönlichkeit eben nicht verhalten soll, indem man die erforderliche distanzierte neutrale Haltung aufgibt.[13] Insofern läßt sich anhand der fiktiven Person des Hannibal Lecter die gesamte Bandbreite dieser schweren Persönlichkeitsstörung klinisch modellhaft aufzeigen und wie man im Verlauf einer professionellen Begegnung nicht reagieren und agieren darf, um nicht selber Opfer dieser narzißtischen Manipulation zu werden.

Literaturverzeichnis

Ross/Pfäfflin: Bindungsstile von gefährlichen Straftätern, in: Persönlichkeitsstörungen Theorie und Therapie, 2/2001

Kernberg, O, F. : Borderline-Persönlichkeitsstörungen und pathologischer Narzißmus, 1985 Zitiert in: Foerster, Manfred J.: Frühe Traumatisierungen und Delinquenz- der Täter als Opfer seiner Biographie. Zur Wirklichkeit früher Traumatisierungen im Kontext der Straffälligenhilfe (Ursachen- Auswirkungen- Perspektiven), in: Neue Praxis Zeitschrift für Sozialarbeit, Sozialpädagogik und Sozialpolitik, 4/2005, Seiten 361- 375

Sachsse, U.: Distress Systeme des Menschen, 1/2003

Zitiert in;: Foerster, Manfred J. : ebenda

Rauchfleisch, Udo: Die antisoziale Persönlichkeit- diagnostische Überlegungen bei Verwendung psychoanalytischer Modellvorstellungen, in: PTT, 2/1997

Rohde-Dachser, Christa: Das Borderline-Syndrom, Bern, Göttingen, Toronto 2000

Busch, Max: Sozialarbeit im Strafvollzug, in: Schmidtobreik, Hrgb. Kriminalität und Sozialarbeit, 1972

Kernberg, O. F. : Die narzißtische Persönlichkeit und ihre Beziehung zu antisozialem Verhalten und Perversion, in: PTT 3/2001

Domschky, Claudia Das Schweigen der Lämmer- Motive und Erzählstrukturen, 1996

> *11 Rauchfleisch, Udo: Grausam-rücksichtlos-selbstbezogen*

> *12 Kernberg, O. F.: Borderline-Persönlichkeitsstörung und pathologischer Narzißmus.*

> *13 Foerster, Manfred J. : Übertragung- Persönlichkeitsstörungen und das Dilemma des Helfers, in: Bewährungshilfe Soziales – Strafrecht- Kriminalpolitik, 1/2003, S.66-77*

Dr. phil. Manfred J. Foerster ist als Lehrbeauftragter im Fachbereich Erziehungswissenschaft der Johannes- Gutenberg- Universität- Mainz und an der Hessischen Justizvollzugsschule Wiesbaden tätig, mit den Schwerpunkten: Frühkindliche Bindungserfahrungen und Sozialisation, Ursachen und Auswirkungen von Persönlichkeitsstörungen sowie Persönlichkeitsprofile von Gewalt- und Sexualstraftätern.

V. Persönlichkeitstäter und Hoch- Risiko- Phantasien als handlungsrelevante Syndrome zu Gewalt- und Sexualdelikten

Kriminalpsychologische Überlegungen zur seelischen Topographie von Sexual- und Gewaltdelikten und zur prognostischen Bedeutung „Risikorelevanter Problembereiche"

Vorbemerkungen

Serielle, insbesondere sexualpathologische Tötungsdelikte stellen eine Ausnahmeerscheinung im breiten Spektrum der Kriminologie dar. Das Ausmaß für die Opfer solcher Verbrechen ist hingegen beträchtlich. Weltweit stellten in dem Zeitraum von Anfang 1995 bis Mitte des Jahres 2000 229 Serienmördern ihren Opfern nach und verübten letztlich 2836 Morde. Die meisten dieser Tötungsdelikte, zumeist mit sexualpathologischem Hintergrund, fanden in den USA statt. Nachforschungen in der Bundesrepublik Deutschland (ausgenommen die damalige DDR) für den Zeitraum von 1945 bis zum Jahre 2000 ergaben insgesamt 421 serielle Tötungsdelikte, für die 67 Männer und 8 Frauen rechtskräftig verurteilt wurden, wobei nicht alle diese Verbrechen einen sexualpathologischen Hintergrund hatten. (Bspw. im Fall des sogenannten Hammermörders). Angesichts des Ausmaßes und als Beitrag zur Prävention ist es dringend notwendig, sich näher mit den psychischen und physischen Täterstrukturen zu befassen. Denn diese Taten geschehen oder geschahen nicht aus „heiterem Himmel", sondern haben in der Regel eine jeweils individuelle Vorgeschichte, die aus den Biographien und psychischen Besonderheiten dieser Täter herrührt. Aus zahlreichen Interviews und gutachterlicher Explorationen serieller Gewaltdelikte wissen wir inzwischen, daß die Taten, die einen sexualpathologischen und pervers sadistischen Hintergrund haben und bei denen es vornehmlich um totale Kontrolle und Macht über das Opfer geht, in Phantasien vorgedacht und geplant wurden. An dieser Stelle soll daher von der seelischen Topographie von Gewalt- und Sexualdelikten die Rede sein, welche gewalttätige und mörderische Vorstellungen über längere Zeiträume entwickeln.

Das FBI hat bereits seit den 80 er Jahren des vorigen Jahrhunderts eine umfangreiche Forschung auf diesem Gebiet betrieben und ist damit potentiellen Serientätern gewissermaßen auf die „Spur gekommen". Aufgrund von entsprechenden Aussagen der Täter sind sie hierbei auf deren psychische „Innenwelten" gestoßen, die von pervers- sadistischen Vorstellungen und Phantasien durchsetzt waren. Diese Phantasien, sogenannte Hoch-Risiko-Phantasien beginnen in zahlreichen Fällen bei entsprechender Veranlagung und biographisch bedingten Anlässen bereits im frühen Kindheitsalter und steigern sich zunehmend bis in die Pubertät und darüber hinaus. Hoch-Risiko-Phantasien sind nun nicht irgendwelche Phantasien, die wir alle mehr oder weniger haben und die wir auch willentlich steuern und beenden können, sie also gewissermaßen unter Kontrolle haben, wobei moralische Gesichtspunkte auf die unser Über-Ich-Ideal gründet eine wesentliche Rolle spielen, sich solchen Phantasien zu versagen, bzw. diese im Sinne eines gesunden Abwehrmechanismus entweder zu verdrängen oder gar zu sublimieren. Im Gegensatz zu normalen, als auch bei deviante Phantasien, gehen Hoch-Risiko-Phantasien mit einem hohen Grad an emotional-physiologischer Erregbarkeit einher und nehmen bei den Betroffenen zuweilen suchtähnlichen Charakter an. Hoch- Risiko-Phantasien unterscheiden sich in dieser Hinsicht als hochproblematische und tatrelevante von deviante Phantasien, die nicht zwingend als tatmotivierende Vorstellungen auftreten. Wobei deviante Phantasien sich in erster Linie auf unübliche Sexualpraktiken beziehen, die nicht eine strafrechtliche Bedeutung haben müssen. In Hoch- Risiko- Phantasien hingegen werden die Handlungen an den späteren Opfern imaginiert und szenisch vorgestellt. Sie sind durchsetzt von Vorstellungen des Quälens, Vergewaltigen und Töten der Opfer, bzw. im Kindesalter des Zerschneidens und Töten von Ersatzobjekten (Tieren). Aus therapeutischer Sicht lassen sich zu diesem Zeitpunkt solcherart Phantasien noch behandeln um positive Persönlichkeitsveränderungen zu bewirken. Von daher betrachtet stellt die Erforschung der Genese sexualpathologischer Gewalt- und Tötungsdelikte, neben der Opfervermeidung auch eine Präventivmaßnahme dar, die eine besondere Aufmerksamkeit von Seiten der Erzieher und Pädagogen auf solche Phantasien lenken soll, wenn sie solche gewahr werden, um mit ‚Hilfe geeigneter therapeutischer Interventionen beizeiten derartige schwerwiegende Verbrechen im späteren Jugend- und Erwachsenenalter zu verhindern. Darüber hinaus weisen diese Hoch- Risiko- Phantasien bei jugendlichen und erwachsenen Straftätern, die eine Gewaltstraftat begangen haben, im Zusammenhang mit sogenannten charakterologischen risikorelevanten Problembereichen auf mögliche Rückfallgefährdungen hin. Insofern kommt ihnen eine signifikante prognostische Bedeutung zu.

Persönlichkeitstäter und Risikorelevante Problembereiche

Persönlichkeitstäter unterscheiden sich von sogenannten Situationstätern durch ihre unterschiedliche Deliktdynamik. In der Regel lassen sich beim Situationstäter keine Anzeichen risikorelevanter Problembereiche feststellen oder diese sind nur schwach

98

ausgeprägt. Der Situationstäter begeht nur Straftaten aus einer für ihn „hochspezifischen unwahrscheinlichen Ausgangssituation", (Vgl. hierzu: Urbaniok) in die er zufällig gerät und die er emotional oder streßmäßig hoch besetzt erlebt. (Beispiel: Milgram Experiment). Somit weist der Situationstäter keine stabile, unabhängig von spezifischen Situationen bestehende Bedürfnislage auf. Deliktdynamik und Tatmotivation, respektive Tathandlung, entwickeln sich erst aus der Situation heraus. Regeln und Normen werden außerhalb solcher spezifischen Streßsituationen zumeist beachtet. Insofern sind bei Situationstätern zumeist auch Strafe und Abschreckung wirksam, weil „sie ihr Verhalten aufgrund der mangelnden Verankerung des Tatverhaltens in der Persönlichkeit relativ leicht ändern können" (Urbaniok). Der Unterschied zwischen beiden Tätertypen besteht darin, daß beim Situationstäter die Situation das Problem darstellt, welche zu strafbaren Handlungen führt. Hingegen ist das Problem beim Persönlichkeitstäter die Person und der demzufolge Situationen sucht oder bewußt herbeiführt, in der er diese Taten begehen kann.

Serielle Gewalt- und Sexualdelikte hingegen sind von ihrem Charakter her sogenannte Persönlichkeitstäter, die risikorelevante Problembereiche aufweisen und deren Ausprägung das Risiko für delinquente Handlungen bestimmen. Wenn beispielsweise eine Person eine pädosexuelle Veranlagung aufweist dann bedeutet dies, daß deren Beziehungsvorstellungen und Sexualitätswünsche ausschließlich auf Minderjährige ausgerichtet sind. Die Pädosexualität wäre demnach ein solcher risikorelevanter Problembereich, der als feststehendes Charaktermerkmal in der Person verankert ist. Weist darüber hinaus diese betreffende Person zusätzlich noch eine sogenannte chronifizierte Gewaltbereitschaft auf, so besteht das Risiko, das sie entsprechende gewalttätige sexuell geprägte Handlungen an minderjährigen Opfern vornimmt. Eine solche Person hat unabhängig von bestimmten Situationen oder Lebensumständen ein nachhaltiges Bedürfnis Sexualität mit Minderjährigen unter den Postulaten von Macht, Kontrolle und schließlich Gewalt zu vollziehen und wird dementsprechende Situationen konstruieren oder aufsuchen. Die Opfer sind stets zum falschen Zeitpunkt am falschen Ort und stehen außerhalb des Tatgeschehens zumeist in keiner Beziehung zum Täter. (Vgl. hierzu: Urbaniok).

Diese risikorelevanten Problembereiche korrespondieren offensichtlich mit den Hoch-Risiko-Phantasien, die ihrerseits die charakterlogischen Problembereiche in Richtung entsprechender Gewalt- und Sexualdelikte verstärken. Es entsteht ein „inneres Skript", welches pervers sadistische Vorstellungen enthält und welche die Hoch- Risiko- Phantasien prägen um entsprechende Straftaten zu begehen. Man könnte dieses innere Skript mit einem Drehbuch vergleichen, in dem die Vorbereitung zur Tat, die Opferauswahl, die Tatumstände und schließlich die Tatausführung genauestens beschrieben bzw. visuell vorweggenommen werden. Diese visuellen Vorstellungen können aktiv aufgerufen und/oder durch externe Schlüsselreize ausgelöst werden, zumal wenn diese Schlüsselreize sich auf Reize beziehen, die mentale Repräsentationen der risikorelevanten Problembereiche darstellen. Bspw. die Erscheinung oder Vorstellung einer attraktiven Frau, über die man Kontrolle und Macht ausüben möchte und die als sexueller Stimulans der „chronifizierten Vergewaltigungsdisposition" entspricht. Diese Erinnerungen können auch sogenannte „Als ob" Zustände abbilden, bzw. Wünsche oder Phantasien ausdrücken. Etwa wenn sie im Zuge von „Ersatzhandlungen" das reale, nicht vorhandene Objekt visualisieren (Tötung von weiblichen Pferden, also Stuten, und/oder Katzen, die als weibliche Symbole gelten). Die charakterologischen Dispositionen stellen feste Bestandteile der psychischen Struktur der Täter dar und bilden, entsprechend ihrer Ausprägung, einen tatspezifischen und somit strafrechtlich relevanten Risikobereich, dem prognostische Bedeutung im Hinblick auf Tatbegehung und Wiederholungsgefahr zukommt. Mindestens eines der nachgenannten Risikobereiche ist als besonderes Merkmal oder Besonderheit in der Persönlichkeit des Täters fest verankert und macht die Wahrscheinlichkeit entsprechend diesem Risikobereich Straftaten zu begehen, in hohem Maße wahrscheinlich. Dem Schweizer Forensiker Urbaniok zufolge entsprechen diese Persönlichkeitsmerkmale häufig einer persönlichen Grunddisposition, „die bereits in der Kindheit und Jugend- nicht zuletzt auch durch eigene Entscheidungen – verfestigt wird und damit zu stabilen Charakterzügen führt". Außerdem ist anzunehmen, daß etwaige hirnorganische Anomalien in den Schläfenlappen sowie im vorderen Kortex tatverstärkenden Einfluß haben können (gänzliches Fehlen spiegelneuronaler Empfindungen). Jene risikorelevanten Persönlichkeitsmerkmale führen zu „einer eigenständigen und nachhaltigen Motivation, bestimmte Straftaten zu begehen". (Urbaniok) Der Straftäter schafft Situationen, in denen er die seiner Veranlagung gemäßen Straftaten begehen kann. Die Begehung der Straftat ist dann eine unmittelbare Folge der „risikorelevanten Persönlichkeitsmerkmale" dieser Person. Die tatrelevante Kaskade verläuft zunächst als Vorstellung auf der Grundlage spezifischer, sogenannter Hoch-Risiko-Phantasien, diese rufen eine physiologische Reaktion hervor, die als Handlungsmotivation schließlich die Handlung wahrscheinlich macht. Je stärker die physiologische Reaktion auftritt, umso wahrscheinlicher ist dann die Tatausführung)

In Bezug auf serielle Gewalt- und Sexualstraftäter sind vor allem die folgenden Problembereiche maßgebend und haben tatmotivierende Bedeutung:

Ein in der Persönlichkeit des Täters verankerter „Dominanzfokus", der dazu führt, daß die betreffende Person mitmenschliche Beziehungen nur unter dem Aspekt totaler Macht, Kontrolle und Gewalt interpretiert, stets bestrebt ist gegenüber anderen Menschen eine dominante Position einzunehmen, die Situation zu kontrollieren sowie Grenzen und Bedürfnisse anderer Menschen zu ignorieren.

Bei Sexualdelikten, die ihre Taten mit Gewalteinwirkung gegen das Opfer begehen, liegt als risikorelevanter Problembereich das Syndrom einer sogenannten. „chronifizierten Vergewaltigungsdisposition" vor, die unabhängig von bestimmten Situationen „gewalttätige Sexualität als attraktiv erleben" läßt. Ein derartig veranlagter Täter wird deshalb Situationen suchen oder versuchen diese herbeizuführen, wo er gemäß seinem inneren Skript diese sexuell kontaminierte Gewalttätigkeit gegen sein Opfer ausführen kann. Hierbei geht es weniger um Sexualität im eigentlichen Sinn, sondern vielmehr darum, sexuelle Handlungen mit sadistischem Hintergrund als Mittel der totalen Bemächtigung des Opfers vorzunehmen. (Urbaniok, S. 28).

Ein weiterer risikorelevanter Problembereich findet sich im Charakter dissozialer Persönlichkeiten und deren Bereitschaft Regeln und Normen zu mißachten. Dissoziale Persönlichkeiten weisen eine geringe Hemmschwelle für Gewalttätigkeit auf und sind unfähig aus negativen Erfahrungen und Strafe zu lernen. Die Opfer werden für die Umstände, die das strafbare Verhalten des Täters ausgelöst haben, verantwortlich gemacht. Auch hier ist das Fehlen jeglicher Empathie vorherrschend.

Personen mit chronifizierter Gewaltbereitschaft neigen dazu, mitmenschliche Beziehungen unter dem Postulat aggressiver und gewalttätiger Handlungen oder Verhaltensweisen zu praktizieren und sind demnach von einem hohen Maß an Mißtrauen geprägt, was vermutlich aus traumatischen Ereignissen infolge von unsicheren Bindungserfahrungen in der frühen Biographie dieser Täter seinen Ursprung hat. Allen risikorelevanten Problembereichen ist gemeinsam, daß sie in Bezug auf strafbare Handlungen prognostische Bedeutung haben. Somit sind diese prognostischen Syndrome (Urbaniok, a.a.O.) Persönlichkeitsmerkmale, „die in direkter Weise mit erhöhten Risiken für delinquentes Verhalten einhergehen können" (Urbaniok, S.29) In der Persönlichkeit von seriellen Gewalt- und Sexualdelikten lassen sich in der Regel eines oder die Kombination mehrerer dieser oben beschriebenen Merkmale feststellen, die darüber hinaus zum psychischen Repertoire einer „Antisozialen Persönlichkeit" nach den Merkmalen des DSM-IV, bzw. des ICD-10 zählen.

Ein weiterer signifikanter Faktor für die hohe Wahrscheinlichkeit entsprechende Gewalttaten zu begehen, findet sich in der charakterologischen Besonderheit einer delinquenzfördernden Weltanschauung. Täter mit einer solchen Veranlagung neigen dazu, aus religiösen, politischen und/oder sonstigen ideologischen Gründen, welche in ihrem pathologischen Über- Ich verhaftet sind, Gewaltdelikte zu begehen. Wenngleich auch allzu oft, die Begründungen für solche Verbrechen aus der jeweiligen subjektiven Weltanschauung abgeleitet wird, so ist dennoch davon auszugehen, daß es sich in erster Linie um psychisch schwer gestörte Täter handelt, denen die Weltanschauung lediglich die Legitimation verleiht, solche Verbrechen zu begehen ohne Schuld- oder Schamgefühle zu entwickeln.

Eine weitere Vielzahl von Problembereichen, denen delinquenzfördernde Bedeutungen zukommen, findet sich in den charakterologischen Merkmalen hoher Impulsivität in Verbindung mit einem hohen Aggressionsfokus und mangelnder Impulskontrolle, extremer Kränkungsbereitschaft sowie in den Formen des pathologischen Narzißmus. Alle diese Risiken sind nicht primär krankheitsbezogen im Sinne einer psychischen Erkrankung nach den Kriterien des DSM-IV oder des ICD-10 und haben demnach keine psychiatrische Relevanz. Es sind daher häufig eigenständige, persönlichkeitsbezogene Problembereiche, die nicht unbedingt einen diagnostischen Bezug zu - den in den o. g. Clustern definierten - psychiatrischen Erkrankungen aufweisen müssen. Um diese von psychiatrischen Kategorien zu unterscheiden, handelt es sich bei diesen Merkmalen um prognostische Syndrome, die das Begehen entsprechender Gewalttaten in hohem Maße wahrscheinlich machen und dies in der Regel bei Vorliegen einer Schuldfähigkeit und entsprechender strafrechtlich relevanter Vorbelastung des Täters, wie dies bspw. bei Wiederholungstätern häufig der Fall ist. In Bezug auf ein erhöhtes Maß an Kränkungsbereitschaft erscheint es beispielsweise notwendig, diesen Faktor nicht ausschließlich als ein narzißtisches Syndrom zu bewerten, denn es gibt Täter bei denen eine außerordentlich hohe Kränkungsbereitschaft als zentraler risikorelevanter Problembereich in deren Persönlichkeit vorliegt, die aber dennoch keine narzißtischen Störungen im Sinne des DSM-IV aufweisen und bei denen auch nicht die übrigen Kriterien zur Diagnostik eines Pathologischen Narzißmus erfüllt sein müssen.

Somit bleibt festzustellen, daß Risikofaktoren wie oben beschrieben und Diagnosen, welche sich auf persönlichkeitsgestörte Täter im Sinne des ICD-10 oder des DSM- IV beziehen, zwei völlig von einander zu unterscheidende Phänomene darstellen. Psychiatrische Diagnosen können durchaus relevante prognostische Aussagen besitzen, bspw. wie dies etwa bei paranoiden Psychosen der Fall sein kann, oder bei Vorliegen spezifischer Merkmale einer „Antisozialen Persönlichkeit" nach den Kriterien des DSM-IV oder des ICD-10, wobei mindestens drei dieser Merkmale dauerhaft erfüllt sein müssen. Aber wie wir sehen konnten gibt es durchaus tatrelevante Problembereiche, die fernab von einer psychiatrischen Diagnose existieren und nicht derartigen Störungskategorien unterliegen. Hinzu kommt, daß es sich bei diesen Tätern entsprechend der Kategorisierung des FBI um sogenannte „planende Täter" handelt, die ihre Tatausführung gemäß ihres „inneren Skriptes" vorbereiten und letztlich so auch durchführen (Bspw.: der Mörder von Mirco aus Grevenbroich, Frank Schmökel, Jürgen Bartsch in den 60 er Jahren).

An dieser Stelle kann zusammenfassend folgendes zunächst festgestellt werden: Risiko und Diagnose sind zwei unterschiedliche Phänomene und weisen unterschiedliche Bewertungskategorien auf. Sind zu einer eindeutigen Diagnose einer Persönlichkeitsstörung mehrere Syndrome nachzuweisen, (in der Regel drei bis fünf) so gilt demgegenüber für die Beurteilung einer hohen Risikorelevanz der Nachweis nur eines bestimmten Merkmals, welches in extremer Weise in der Persönlichkeit des Täters vorhanden sein muß. Daher sind zu unterscheiden:

- Personen mit einer psychiatrischen Störung und einem hohen Risiko;

- Personen ohne eine psychiatrische Störung mit einem hohen Risiko, auf die die oben genannten risikorelevanten Problembereiche mit hoher Wahrscheinlichkeit zutreffen;

- Personen mit einer psychischen Störung ohne ein hohes Risiko,
sowie –Personen ohne eine psychiatrische Störung und ohne ein hohes Risiko.

Den Konzepten Diagnose und Risiko liegen gänzlich unterschiedliche Ausrichtungen, bzw. Parameter zugrunde. Krankheitsdiagnosen nach den Definitionskriterien des ICD-10 und des DSM-IV sind wegen ihrer stigmatisierenden Wirkungsweise grundsätzlich defensiv konzeptualisiert. Es muß daher eine Mindestzahl von krankheitsrelevanten Merkmalen oder

Phänomenen, etwa im deskriptiven Bereich und/oder auf der Beziehungsebene, vorliegen um zu einer treffenden Diagnose der Störung zu gelangen, wie bspw. bei der Borderline-Persönlichkeitsstörung. Zeitliche Dauer und eine längere Vorgeschichte, die bspw. im Kindheits- und Jugendalter beginnt sind weitere Kriterien zur Diagnostik. Hingegen ist die Ausgangslage bei einer Risikoeinschätzung tatrelevanter Problembereiche eine völlig andere. Hier genügt bereits ein einziges Merkmal vor dem Hintergrund einer bereits begangenen spezifischen Tat, (bspw. chronifizierte Vergewaltigungsdisposition) um eine Prognose in Hinblick auf Rückfälligkeit und/oder Tatbereitschaft zu stellen, sofern dieses Merkmal nur genügend stark ausgeprägt ist. Und dies ist in der Regel der Fall, wenn dem inneren Skript zufolge Hoch- Risiko- Phantasien nachgewiesen werden können. Auch das Merkmal der Kränkungsbereitschaft ist zunächst losgelöst von einer etwaigen narzißtischen Störung oder sonstigen Diagnose, die sich aus den Clustern des ICD-10 und/oder des DSM-IV herleiten lassen, zu bewerten. Dennoch hat eine stark ausgeprägte Kränkungsbereitschaft dann einen hohen prognostischen Wert, wenn diese an risikorelevante Problembereiche geknüpft ist und zudem eine tatspezifische Vorgeschichte nachzuweisen ist. (möglicherweise bei dem Mörder der jungen Studentin Tuce aus Offenbach 2014)

Das Ziel bei einer Risikobeurteilung besteht also nicht darin, verschiedene relevante Merkmale zu sammeln, wie etwa bei der Diagnostik einer Borderline-Persönlichkeitsstörung nach den Klassifikationen des DSM-IV oder des ICD-10, sondern „aus einer Vielzahl möglicher risikorelevanter Merkmale kein einziges zu übersehen, das in einem bestimmten Fall vorhanden ist und möglicherweise allein die gesamte Prognose determinieren kann" (Urbaniok). Demzufolge reicht der schlüssige Nachweis von Hoch-Risiko-Phantasien denen eine entsprechendes inneres Skript unterlegt ist aus, um zu einer Gefährlichkeitsprognose des Täters zu gelangen. Aus alledem ergibt sich, daß die Gefährlichkeitsprognose jenseits, bzw. unabhängig einer psychiatrischen Diagnostik, die sich auf den Katalog der in den Clustern des DSM-IV oder des ICD-10 aufgeführten Persönlichkeitsstörungen bezieht, erfolgen muß, um zu einer relevanten Einschätzung von Tatbegehung und/oder Wiederholungsgefahr zu gelangen.

Wie wir sehen konnten, entwickeln Persönlichkeitstäter ihre Deliktdynamik aus den pathogenen Merkmalen ihrer Persönlichkeit. Somit konstruieren die Täter in aktiver Weise Situationen und führen Gelegenheiten herbei, in denen sie die Taten begehen können. Infolge dieser starken Eigenmotivation sind Regeln und Normen, auch strafrechtliche Sanktionen tendenziell unwichtig und verfehlen ihre Wirkung, wenn sie auf die Resozialisierung des Täters ausgerichtet sind. Strafe und Abschreckung sind demnach wirkungslos, „weil der Persönlichkeitstäter aufgrund seiner stabilen Bedürfnislage sein Verhalten nicht einfach ohne Weiteres ändern kann". Unabhängig von Straftaten zeigen Persönlichkeitstäter auch im Alltagsverhalten oftmals „problematische und risikobehaftete Verhaltensweisen" (Urbaniok). Hieraus ergibt sich gewissermaßen zwangsläufig die Einschätzung, daß sozialtherapeutische Programme hier wenig oder fast gar nichts ausrichten können. Das Ergebnis einer beruflichen Ausbildung bspw. zum Schreiner, wie sie oftmals in den Justizvollzugsanstalten angeboten werden, wäre allenfalls am Ende ein gut ausgebildeter und handwerklich versierter Schreiner mit hochgefährlichen risikorelevanten Problembereichen, die sich in keiner Weise abgebaut haben und der auch dann noch bereit ist, kurz vor seiner vorzeitigen Entlassung seinem Problembereich entsprechend eine Straftat zu begehen. Hier staunt dann der Laie,- wie konnte so etwas geschehen- und der Fachmann wundert sich, daß man dessen risikorelevanten Problembereich trotz „Therapie" übersehen hat. Es ist daher völlig verfehlt, wenn in der Behandlung oder Therapie im Rahmen der Prävention von Persönlichkeitstätern mit hohem Gefährlichkeitsrisiko unspezifische Maßnahmen oder bestimmte Lebensumstände fokussiert werden. Derartige eindimensionale Interventionen ändern „weder etwas an den risikorelevanten Problembereichen noch an der mit ihnen zusammenhängenden grundsätzlichen Deliktmotivation". Erst auf die risikorelevanten Grunddispositionen ausgerichteten therapeutische und tiefenpsychologisch angelegte Maßnahmen können im günstigsten Fall eine Wesensänderung herbeiführen, wobei auch hier die Tatvorbelastung und das Alter, sowie der Grad der Arretierung der Problembereiche in der Persönlichkeit des Täters nicht übersehen werden darf. Bei Persönlichkeitstätern dürfen daher die Effekte situativer Konstellationen, wie etwa Arbeitsplatz, Teilnahme an Gesprächsgruppen, sozialer Empfangsraum, Familiensituationen, die sich als Resozialisierungseffekte grundsätzlich als positiv erweisen, einschließlich Partnerschaften, Berufs- und Schulausbildungen, soziales Kompetenztraining und/oder Antiaggressionstraining getrost überschätzt werden. Sie erfüllen in der Regel nicht den persönlichkeitsverändernden Zweck, zu dem sie gedacht sind. Dessen ungeachtet sind Schul- Ausbildungs- und Berufsmaßnahmen, wenn sie unabhängig von deliktpräventiven Überlegungen angeboten werden, sinnvoll. Dies trifft vor allem im Jugendstrafvollzug zu. Urbaniok zufolge haben solche Maßnahmen immer dann einen tendenziell höheren Stellenwert, „wenn die Prognostischen Syndrome schwach ausgeprägt und/oder noch wenig verfestigt erscheinen" und vor allem mit deliktspezifischen tiefenpsychologisch orientierten Therapien angeboten werden, die auf die risikorelevanten Problembereiche ausgerichtet sind.

Zwei Ansatzpunkte erklären indes, unter welchen Umständen bei Persönlichkeitstätern das Risiko für Delikte gesenkt werden kann. Erstens: ändert sich aufgrund von persönlichen Umständen die Ausprägung der Prognostischen Syndrome, so kann dies zu einer Verminderung der persönlichkeitsstrukturellen Bedürfnislage führen. Zweitens: eine weitere Möglichkeit für eine Risikominderung besteht darin, daß Kompensationsfähigkeiten entwickelt werden, die sich gegen die risikorelevanten Problembereiche richten. Dies kann einerseits durch medikamentöse Indizierungen geschehen, andererseits durch die Anwendung deliktorientierter Behandlungsprogramme, etwa bei Jugendlichen und/oder wenn die risikorelevanten Problembereiche und die daran geknüpften Hoch-Risiko-Phantasien rechtzeitig erkannt und einer spezifischen Therapie unterzogen werden. (.Vgl. hierzu: Rossegger, Endress, Borchard u.a.) Wenngleich es nicht zu einer nachhaltigen Veränderung der Prognostischen Syndrome im Sinne einer Persönlichkeitsveränderung kommt, ist Urbaniok zufolge, „in vielen Fällen langfristige Deliktfreiheit, allein durch die Etablierung tragfähiger Kompensationsmechanismen, möglich". Wenn dies zutreffen sollte, wäre zumindest in einzelnen Fällen ein gewisser Opferschutz erreicht.

Wie wir sehen konnten, ist das von einer Person ausgehende Risikopotenzial, welches im Anschluß an Urbaniok als „Strukturelles Rückfallrisiko" bezeichnet wird, „ eine direkte Folge der jeweiligen Ausprägung der Prognostischen Syndrome" (Urbaniok). Es ist daher unvermeidlich für die Prognose hinsichtlich eines Rückfallrisikos das Problemprofil eines Täters im Rahmen von Vollzugslockerungen, bzw. im Vorfeld therapeutischer oder pädagogischer Interventionen, etwa im Jugendstrafvollzug, genau zu erfassen. Wünschenswert wäre allerdings, wenn solches bereits im Zuge staatsanwaltschaftlicher und kriminalpolizeilicher Ermittlungen und Vernehmungen erfolgen würde.

Sexuelle Hoch-Risiko-Phantasien bestehen aus visuellen Vorstellungen, die ein elaboriertes sexuelles Skript im Sinne einer Handlungsvorlage beinhalten. Dieses Skript enthält verzerrte Absichten oder Methoden pervers sadistischen Inhaltes, wird über längere Zeiträume wiederholt und in verschiedenen Kontexten visualisiert und zwar vor dem Hintergrund einer Disposition, eine Sexualstraftat zu begehen.

Im Allgemeinen herrscht die Meinung, daß bei sexuell motivierter Straftaten von Seiten der Täter auch deviante sexuelle Phantasien zugrunde gelegen haben, die gewissermaßen als mentale Dynamik diesen Straftaten vorausgegangen sind. Hingegen stellen deviante sexuelle Phantasien für sich alleine genommen noch keinen Risikofaktor zur Begehung von sexualpathologischen Straftaten dar. Sie sind im Sinne von unspezifischen Phänomenen zu erklären, denn deviante sexuelle Phantasien kommen in der Allgemeinbevölkerung häufig vor und stellen für sich alleine genommen noch keine tatmotivierende Gefährlichkeit dar. Untersuchungen von Bartels und Gannon 2010 haben ergeben, daß je nach Studie 18% bis 95% der befragten Personen sich in den letzten Monaten deviante Sexualpraktiken vorgestellt haben. Jedoch sexuell geprägte Vorstellungen, denen ein und/oder mehrere risikorelevante Problembereiche zugrunde liegen, können demnach als problematisch bezeichnet werden, da sie die Wahrscheinlichkeit erhöhen, „ein sexuell motiviertes Delikt zu begehen". Sie sind vor allem dann als problematisch zu bezeichnen, wenn in ihnen die Themen Fetischismus, Transvestismus, Voyeurismus, Sadismus, bzw. Folterung der Opfer, Pädophilie oder sexuelle Nötigung vorkommen, die gleichwohl auch bei unproblematischen sexuellen Phantasien auftreten können und keine tatmotivierende Funktion erfüllen. Somit reichen die Inhalte sexuell geprägter Vorstellungen noch nicht aus, um zwischen problematischen delikterhöhenden und unproblematischen sexuell geprägten Vorstellungen zu unterscheiden. Ein risikorelevantes Indiz zur Begehung sexuell kontaminierter Gewaltdelikte findet sich hingegen in den sogenannten Hoch- Risiko- Phantasien. Sexuell- sadistisch geprägte Vorstellungen im Sinne von Hoch-Risiko-Phantasien sind ein eindeutiges Indiz dafür, daß mit großer Wahrscheinlichkeit sexuelle Straftaten, bis hin zu Tötungsdelikten, diesen sadistischen Vorstellungen folgen, da in ihnen die späteren Taten imaginiert und bis ins Detail vorgeplant werden. Der sexuelle Reiz steht hierbei nicht im Vordergrund, sondern es geht vornehmlich um Macht, Manipulation, totale Kontrolle und Zerstörung der Opfer. Die hierbei auftretenden physiologischen und emotionalen Reaktionen verweisen indes auf den Zusammenhang zwischen Vorstellung und Handlungsmotivation. Je stärker ausgeprägt die auf eine Vorstellung folgende physiologische Reaktion ist, umso wahrscheinlicher wird eine Handlungsmotivation. Tritt hingegen keine physiologische Reaktion ein, so ist es weniger wahrscheinlich, daß den visuellen Vorstellungen auch schließlich entsprechende Taten folgen. Von Hoch-Risiko-Phantasien als tatmotivierende Vorstellungswelten im Bewußtsein der Täter kann somit dann gesprochen werden, wenn in ihnen die Folterung, das Quälen, Vergewaltigen und Töten des Opfers visuell konkretisiert wird, also einer eindeutigen pervers- sadistischen Antriebsrichtung folgt und von sexuell kontaminierten Lustgefühlen begleitet wird. Visuelle Vorstellungen treten als mentale Repräsentationen auf, die bewegte Bilder enthalten, also gewissermaßen einem „inneren Film" folgen, der all diejenigen perversen – sadistischen Handlungen enthält, welche später den Tatablauf bestimmen werden. Sie können vom Täter selber aktiv aufgerufen oder durch spezifische, äußere Schlüsselreize ausgelöst werden. Auch hierbei sind die Opfer in der Regel beliebig und zum „falschen Zeitpunkt" am „falschen Ort". Diese visuellen Vorstellungen erlauben mentales Probehandeln, in dem eine reale Situation „durchgespielt" wird. Hierbei werden die möglichen Gefahren, die sich für einen Täter ergeben könnten in das innere Skript einbezogen und zwar in Bezug auf Erfolgswahrscheinlichkeit, Aufwand, Gefährlichkeit entdeckt zu werden, Attraktivität der Tatausführung. Der Täter visualisiert den höchstmöglichen Lustgewinn für sich, um somit eine Strategie zu entwickeln und entsprechende Vorbereitungen (Tatwerkzeug, Auswahl der Tatorte und ähnliches) zu treffen. Aus den zahlreichen Interviews mit einschlägigen Serientätern ist bekannt, daß solche mentalen Vorstellungen und Vorbereitungshandlungen stattgefunden haben. Der amerikanische Serienmörder und Vergewaltiger Ted Bundy entfernte bspw. den Beifahrersitz seines PKW um die zuvor bewegungsunfähigen Opfer besser und unauffälliger transportieren zu können.

Hierzu kann folgendes festgestellt werden:

Es gilt als gesichert, daß es Vorstellungen gibt, die zu einer stärkeren Handlungsmotivation führen als andere und auf einer intrinsischen, d.h. inneren Motivationsebene ausgelöst werden und demnach nicht ausschließlich durch äußere Reize zustande kommen, sondern in der Phantasiewelt des Täters verortet sind. (hierzu: Endress, Rossegger) Da ein wichtiges Bindeglied zwischen Vorstellung und Handlung die durch Phantasien ausgelösten Körperreaktionen sind, dürfen unter diesem Gesichtspunkt die sexuellen Hoch-Risiko-Phantasien als ein wesentliches Indiz für die Begehung solcher Straftaten und zugleich

Hinweise auf die Prognostizierung möglicher Rückfälle, sowie die kriminologische Einordnung des Täters als Serientäter, bzw. von seiner Veranlagung her, als ein potentieller Serientäter betrachtet werden.

Die tatmotivierende Bedeutung Impliziter Theorien

Sexuelle Hoch- Risiko- Phantasien stehen in einem engen Zusammenhang mit impliziten Theorien. Implizite Theorien sind relativ stabile und zeitüberdauernde Einstellungen, die offensichtlich ihren Ursprung in biographischen Erfahrungen aus der frühen Kindheit und Jugendalter haben und gewissermaßen als Über-Ich - fundierte „Weltanschauungen" oder subjektive kulturelle Standards Erklärungen für das pathologische Verhalten der Täter liefern. Sie bestehen aus verschiedenen Schemata, welche „isolierte Überzeugungen miteinander in Beziehung setzen. Ihre Dauerhaftigkeit und kriminelle Energie beziehen sie aus dem inneren Skript auf der psychologischen Grundlage der Hoch- Risiko- Phantasien und risikorelevanten charakterologischen Problembereiche. Sie dienen gewissermaßen dem Täter als Erklärungsmodell „für die Welt und deren Objekte" und sind eng mit dessen pathologischen Über-Ich-Strukturen verknüpft. Insbesondere mitmenschliche Beziehungen und beliebige Kontakte finden in den impliziten Theorien Interpretationsschemata in Form von Begründungsformulierungen und Erklärungsmodellen, die fortan spezifische Verhaltensmuster des Täters aus seiner Sicht rechtfertigen. Aus Sicht der Objektbeziehungstheorie sind diese Begründungen in dessen überwiegend pathologischen Objektbeziehungen verankert und vor allem in seinem bösartigen destruktiven Über-Ich Ideal, welches solche Taten für ihn legitimiert. Bei Gewalt- und Sexualdelikten lassen sich daher implizite Theorien als maladaptive, d.h. schlecht angepaßte und außerhalb der Norm liegende Glaubenssätze und Einstellungen zu den Themen: Mißtrauen gegenüber mitmenschlichen Beziehungen, Gewalt, Sexualität, Kinder beziehungsweise Frauen beschreiben, was in völliger Übereinstimmung mit den Merkmalen einer antisozialen Persönlichkeit nach den Kriterien des DSM-IV steht. So formulierten Polaschek und Ward (2002) für Vergewaltiger fünf verschiedene implizite Theorien.

Verständnis: „Frauen kann man nicht verstehen"

Frauen als Sexualobjekt: „Frauen sind sexuelle Objekte, die dafür geschaffen wurden, die sexuellen Bedürfnisse von Männern zu befriedigen"

Kontrollierbarkeit: „Der männliche Sexualtrieb ist nicht kontrollierbar"

Anspruch: „Männer haben Anspruch auf sexuelle Befriedigung durch eine Person ihrer Wahl"

Gefährliche Welt: „Die Welt ist ein gefährlicher Ort und deshalb muß man Dominanz und Kontrolle gegenüber anderen erreichen".

Die letztere Aussage bestätigt sich bei entsprechenden Untersuchungen von Gewaltdelikten hinsichtlich ihrer frühkindlichen Bindungserfahrungen.

Unsichere Bindungserfahrungen führen zu tiefem Mißtrauen gegenüber der Welt und deren Objekte.

Ward und Keenan (1999) stellten bei Mißbrauchstätern fünf Typen impliziter Theorien fest, die in verschiedene Studien aufgedeckt werden konnten.

Kinder als sexuelle Wesen: „Kinder provozieren Sex mit Erwachsenen"

Kontrollierbarkeit: „Sexualität ist nicht kontrollierbar"

Schaden: „Folgen von sexuellem Mißbrauch sind harmlos"

Anspruch: „Männer haben ein Recht auf Sex mit Kindern"

Gefährliche Welt: „Die Welt ist gefährlich und ablehnend, nur bei Kindern ist man sicher"

Daß sich die impliziten Theorien von Vergewaltigern und Kindesmißbrauchern unterscheiden, kann als Unterstützung der Hypothese angesehen werden, „die einen Zusammenhang von impliziten Theorien und dem Deliktverhalten postuliert". Auch hinsichtlich der Tatausführung und der Tatmerkmale findet sich eine Übereinstimmung mit der jeweiligen impliziten Theorie. So ist die bei Vergewaltigern am häufigsten vorkommende implizite Theorie: „die Welt ist ein gefährlicher Ort" mit einem hohen Maß an Mißtrauen, Gewalttätigkeit und pervers sadistischen Begleiterscheinungen bei der Deliktbegehung verbunden.

Darüber hinaus scheinen implizite Theorien einen signifikanten Zusammenhang mit devianten, sexuell geprägten Vorstellungen, bzw. Phantasien aufzuweisen und somit die tatmotivierende Relevanz solcher Vorstellungen zu erhöhen. Dies würde bedeuten, daß implizite Theorien mit sexuell geprägtem Inhalt ein wichtiges Kriterium darstellen, problematische von unproblematischen, sexuell geprägten Vorstellungen zu unterscheiden. Mit anderen Worten, deviante sexuelle Vorstellungen scheinen dann keine tatprognostische Relevanz zu besitzen, wenn ihnen kein inneres Skript mit pervers-sadistischen Inhalten einer, in der Persönlichkeit des Täters fest verankerten impliziten Theorie zugrunde liegt.

Wie bereits dargestellt, haben Bartels und Gannon ein überzeugendes Konzept von problematischen sexuell geprägten Phantasien vorgestellt, welches den empirischen Ergebnissen über den offensichtlichen Zusammenhang von sexuellen Vorstellungen und der Begehung von Sexualstraftaten aufdeckt. Solcherart Vorstellungen und Phantasien werden von den Autoren als sogenannte Hoch- Risiko- Phantasien bezeichnet. Diese Phantasien enthalten visuelle Vorstellungen darüber, wie der Täter gedenkt die Tat zu begehen. D. h. mit anderen Worten, Hoch- Risiko- Phantasien enthalten ein tatmotivierendes Skript mit verzerrten, d.h. außerhalb der Norm liegenden Absichten und/oder Methoden vor dem Hintergrund eines risikorelevanten Problembereiches, eine Sexualstraftat, bzw. eine Tötungshandlung zu begehen. Gannon und Bartels sprechen in diesem Zusammenhang von verzerrten Inhalten, statt von devianten Inhalten, die, wie wir sehen konnten, noch nichts über die Vergewaltigungs- und/oder Tötungsabsichten aussagen. Jene Inhalte beziehen sich sowohl auf Formen der Belästigung, Dominanz oder Einschüchterung, die noch keinen delinquenten Charakter haben, als auch auf delinquente Verhaltensweisen wie Mord, Vergewaltigung, Kindesmißbrauch. Die visualisierten Vorstellungen sind dann im Sinne von Hoch- Risiko- Phantasien zu definieren, wenn die betreffende Person sich häufig und intensiv mit ihnen beschäftigt. Außerdem müssen sie in verschiedenen Kontexten auftreten. Dies würde erklären, daß es Personen gibt, denen es gelingt, ihre pervers- sadistischen Vorstellungen zu kontrollieren. Gerät jedoch eine solche Person in einer für sie vulnerablen Situation (beruflicher oder privater Streß, Alkoholintoxikation), können die sadistischen Vorstellungen handlungsrelevant werden. (Bsp.: Fall Schmökel; Mörder von Mirco aus Grevenbroich) Darüber hinaus erlangen die visualisierten Vorstellungen immer dann den Charakter einer sexuellen Hoch- Risiko- Phantasie, wenn die betreffende Person eine Disposition für Sexual- und Gewaltdelikte aufweist und somit auf eine „psychische Topographie" treffen, die sich über einen längeren Zeitraum in der Persönlichkeit des Täters ausgebildet hat. Damit sind die impliziten Theorien sowie die entsprechenden risikorelevanten Problembereiche, wie oben beschrieben, gemeint, die das Risiko für solche Straftaten wesentlich erhöhen. Es ist das, was ich als seelische Landkarte bezeichnen würde, auf der es überwiegend sogenannte „vergiftete Areale" gibt und wenig oder gar keine Ressourcen im Sinne von positiven Resilienzen vorhanden sind, an denen möglicherweise therapeutische Interventionen ansetzten könnte.

Abschließend kann festgestellt werden:

Hoch- Risiko- Phantasien sind charakterisiert durch visualisierte Vorstellungen in Form eines inneren Skriptes mit verzerrten, und problematischen von der Norm abweichenden Inhalten, die zudem in verschiedenen Situationen von Personen mit deliktrelevanten impliziten Theorien hervorgerufen werden und mit hoher psychischer und physiologischer Erregbarkeit einhergehen. (Urbaniok). Deren prognostische Bedeutung gewinnt in außerordentlicher Weise, wenn bereits persönlichkeitsrelevante Straftaten (Gewalt- und Sexualdelikte) vorgelegen haben. Dies ist bei Wiederholungsstraftätern in der Regel der Fall. Hierbei berufen sich diese Täter auf ihr Pathologisches Über- Ich, wie es bei antisozialen Persönlichkeiten und im Kontext einer schweren malignen narzißtischen Persönlichkeitsstörung diagnostiziert werden kann., ohne daß die Kriterien des DSM-IV oder des ICD-10 vorliegen müssen. Die impliziten Theorien basieren zudem auf risikorelevante Problembereiche der Täter, die als feste Charakterstrukturen in deren Persönlichkeit verankert sind. Es handelt sich also hierbei um ein komplexes psychisches Phänomen, welches nicht ausschließlich mit den üblichen Kategorien krankheitsrelevanter Persönlichkeitsmerkmale nach den Clustern des ICD-10 und/oder des DSM-IV erfaßt werden kann. Die Situationen werden zumeist von den Tätern selbst herbeigeführt und resultieren aus ihrer Veranlagung als Persönlichkeitstäter. Täter, die mit diesem psychischen Repertoire ausgestattet sind, gelten nach den forensischen Erkenntnissen des FBI in der Regel als sogenannte „planende Täter". Dies geht alleine schon aus den tatmotivierenden Verlaufsphasen ihrer risikobehafteten psychischen Persönlichkeitsstruktur hervor, die vor allem bei diesem Täterkreis in Streßsituationen hervortreten und nicht zuletzt aus deren jeweiligen individuellen Tatvorbereitungen. Da die Täter in der Regel von Manipulations- und Macht,- sowie Kontrollbedürfnissen angetrieben sind, begehen sie nach einer sogenannten „Abkühlungsphase" weitere Gewaltdelikte in noch brutalerer Weise. Sie kehren oftmals an den Tatort zurück oder beteiligen sich in indirekter Weise an den Ermittlungen als Ausdruck ihrer narzißtischen Omnipotenz. Ihr Kontrollbedürfnis richtet sich demnach nicht nur auf die restlose Verfügung über ihre Opfer sondern auch darauf, die Ermittlungsprozesse zu beobachten und gegebenenfalls zu manipulieren, in der omnipotenten Selbsteinschätzung, Kontrolle über die Tat hinaus zu besitzen. Untersuchungen von Täterverhalten durch das FBI haben dieses scheinbar paradoxe Verhalten nachgewiesen. Wenngleich die Psychoanalyse ein derartiges Verhalten als sogenannten „Selbstverrat" bezeichnet, wobei der Täter in unbewußter Weise gegen sich selbst agiert, im Sinne einer Fehlhandlung, so scheint dies nicht im Widerspruch zu den Kontroll- und Machtattitüden eines solchen Täters zu stehen. Der unbewußte Wunsch des Täters nach Aufdeckung seiner Taten mit anschließender Identifizierung stellt demzufolge keinen inneren Widerspruch seines narzißtischen Geltungs- und Machtbedürfnisses. Er, der Täter glaubt letztlich selbst zu entscheiden, ob er gefaßt wird oder nicht, so absurd dies auch erscheinen mag.

Die kriminologischen Konsequenzen, die sich aus alledem ergeben wären, im Zuge von täterüberführenden Ermittlungen und gutachterlicher Explorationen die Komplexität derartiger psychischer Störungen, wenngleich diese auch außerhalb einer psychiatrischen Diagnostik liegen, aufzudecken und bei der Erstellung eines Täterprofils in Betracht zu ziehen, da deren prognostische Aussage im Sinne einer Opfervermeidung in keiner Weise übersehen werden darf. Hier reicht es also bei Weitem nicht aus, lediglich die Frage nach der Schuldfähigkeit zu klären, auf die sich bislang vielfach gutachterliche Explorationen fokussieren.

Literaturverzeichnis

Rossegger, Astrid; Endress, Jerome; Borchard, Bernd: Sexuelle Hoch-Risiko- Phantasie: Grundlagen und Intervention, in: Interventionen bei Gewalt- und Sexualstraftätern 2012

Urbaniok, Frank: Persönlichkeitstäter, Situationstäter und Prognostische Syndrome als Konzepte für Risikobeurteilungen und Risikomanagement, in: Interventionen bei Gewalt- und Sexualstraftätern 2012

Foerster, Manfred J.: Die antisoziale Persönlichkeit im Strafvollzug dargestellt an der Person des Hannibal Lecter aus dem Film „Das Schweigen der Lämmer"; in: Forum Strafvollzug Zeitschrift für Strafvollzug und Straffälligenhilfe, Heft 3 Mai/Juni 2013

Derselbe: Bindungstheorie und Persönlichkeitsstörungen bei Klienten der Straffälligenhilfe, in: DVJJ - Journal Heft 3, 2002

Derselbe: Psychische Verlaufsphasen zu sexualpathologischen Tötungsdelikten, zuerst veröffentlicht auf dem Ilias Schreibtisch der Johannes-Gutenberg-Universität Mainz, Sozialisation und Entwicklung 2013.

Hoffmann, Jens; Musolff, Cornelia: Fallanalyse und Täterprofil Geschichte, Methoden und Erkenntnisse einer jungen Disziplin, Hrgb: Bundeskriminalamt Forschungsreihe Band 52, Wiesbaden 2000

Kernberg, Otto F. : Borderline-Störungen und Pathologischer Narzißmus, Frankfurt/M. 1995

VI Psychische Verlaufsphasen zu sexualpathologischen Tötungsdelikten

Anmerkungen zur krimogenen Dynamik von Hoch-Risiko-Phantasien und deren prognostische Bedeutung

Serielle sexualpathologische Tötungsdelikte stellen eine Ausnahmeerscheinung im breiten Spektrum der Kriminologie dar. Aber sie geschehen nicht sozusagen als Spontanaktionen aus „heiterem Himmel", sondern haben in der Regel eine jeweils individuelle Vorgeschichte, die aus den Biographien dieser Täter herrührt. Aus vielen Interviews und Explorationen serieller Gewaltdelikte wissen wir inzwischen jedoch, daß die entsprechenden Taten in Phantasien vorgedacht und geplant wurden. Das FBI hat bereits seit den 80 er Jahren des vorigen Jahrhunderts eine umfangreiche Forschung auf diesem Gebiet betrieben und ist damit potentiellen Serientätern gewissermaßen auf die „Spur gekommen". Aufgrund von entsprechenden Aussagen der Täter sind sie hierbei auf deren psychische „Innenwelten" gestoßen, die von pervers- sadistischen Vorstellungen und Phantasien durchsetzt waren. Diese Phantasien, sogenannte Hoch-Risiko-Phantasien beginnen in zahlreichen Fällen bei entsprechender Veranlagung und biographisch bedingten Anlässen bereits im frühen Kindheitsalter und steigern sich zunehmend bis in die Pubertät und darüber hinaus. Hoch-Risiko-Phantasien sind nun nicht irgendwelche Phantasien, die wir alle mehr oder weniger haben und die wir auch willentlich steuern und beenden können, sie also gewissermaßen unter Kontrolle haben, wobei moralische Gesichtspunkte auf die unser Über-Ich-Ideal gründet eine wesentliche Rolle spielen, sich solchen Phantasien zu versagen. Vorausgesetzt wir verfügen über ein einigermaßen stabiles Selbstkonzept sind wir in der Lage, diese für uns letztlich unangenehmen Phantasiegebilde im Sinne eines gesunden Abwehrmechanismus zu verdrängen, wenn wir das wollen. Hingegen gehen Hoch-Risiko-Phantasien mit einem hohen Grad an emotional-physiologischer Erregbarkeit einher und nehmen bei den Betroffenen zuweilen suchtähnlichen Charakter an. In diesen Phantasien werden die Handlungen an den späteren Opfern imaginiert und szenisch vorgestellt. Sie sind durchsetzt von Vorstellungen des Quälens, Vergewaltigen und Töten der Opfer, bzw. im Kindesalter des Zerschneidens und Töten von Ersatzobjekten (Tieren). Aus therapeutischer Sicht lassen sich zu diesem Zeitpunkt solcherart Phantasien noch behandeln um positive Persönlichkeitsveränderungen zu bewirken. Von daher betrachtet stellt die Erforschung der Genese sexualpathologischer Tötungsdelikte, neben der Opfervermeidung auch eine pädagogische Präventivmaßnahme dar, die eine besondere Aufmerksamkeit von Seiten der Erzieher und Pädagogen auf solche Phantasien lenken soll, wenn sie solche gewahr werden, um mit ‚Hilfe geeigneter therapeutischer Interventionen beizeiten derartige schwerwiegende Verbrechen im späteren Jugend- und Erwachsenenalter zu verhindern.

Persönlichkeitstäter und Risikorelevante Problembereiche

Serielle Gewalt- und Sexualdelikte sind von ihrem Charakter her sogenannte Persönlichkeitstäter, die risikorelevante Problembereiche aufweisen und deren Ausprägung das Risiko für delinquente Handlungen bestimmen. Diese risikorelevanten Problembereiche korrespondieren offensichtlich mit den Hoch-Risiko-Phantasien, die ihrerseits die charakterlogischen Problembereiche in Richtung entsprechender Gewalt- und Sexualdelikte verstärken. Es entsteht ein inneres Skript, welches pervers sadistische Vorstellungen enthält, entsprechende Straftaten zu begehen. Mindestens eines der nachgenannten Risikobereiche ist als charakterologisches Merkmal oder Besonderheit in der Persönlichkeit des Täters fest verankert und macht die Wahrscheinlichkeit entsprechend diesem Risikobereich Straftaten zu begehen, in hohem Maße wahrscheinlich. Dem Schweizer Forensiker Urbaniok zufolge entsprechen diese Persönlichkeitsmerkmale häufig einer persönlichen Grunddisposition, „die bereits in der Kindheit und Jugend- nicht zuletzt auch durch eigene Entscheidungen – verfestigt wird und damit zu stabilen Charakterzügen führt". Die Begehung der Straftat ist dann eine unmittelbare Folge der „risikorelevanten Persönlichkeitsmerkmale dieser Person. In Bezug auf serielle Gewalt- und Sexualdelikten sind vor allem die folgenden Problembereiche maßgebend: Ein in der Persönlichkeit des Täters verankerter „Dominanzfokus", der dazu führt, daß die betreffende Person mitmenschliche Beziehungen nur unter dem Aspekt totaler Macht und Gewalt sieht, stets bestrebt ist gegenüber anderen Menschen eine dominante Position einzunehmen, die Situation zu kontrollieren sowie Grenzen und Bedürfnisse anderer Menschen zu ignorieren. Bei Sexualdelikten, die ihre Taten mit Gewalteinwirkung gegen das Opfer begehen, liegt als risikorelevanter Problembereich das Syndrom einer sogenannten „chronifizierten Vergewaltigungsdisposition" vor, die unabhängig von bestimmten Situationen „gewalttätige Sexualität als attraktiv erleben" läßt, (Urbaniok, S. 28). Ein weiterer risikorelevanter Problembereich findet sich im Charakter dissozialer Persönlichkeiten und deren Bereitschaft Regeln und Normen zu mißachten. Dissoziale Persönlichkeiten weisen eine geringe Hemmschwelle für Gewalttätigkeit auf und sind unfähig aus negativen Erfahrungen und Strafe zu lernen. Die Opfer werden für die Umstände, die das strafbare

Verhalten des Täters ausgelöst haben, verantwortlich gemacht. Personen mit chronifizierter Gewaltbereitschaft neigen dazu, mitmenschliche Beziehungen unter dem Postulat aggressiver und gewalttätiger Handlungen oder Verhaltensweisen zu praktizieren und sind demnach von einem hohen Maß an Mißtrauen geprägt. Allen risikorelevanten Problembereichen ist gemeinsam, daß sie in Bezug auf strafbare Handlungen prognostische Bedeutung haben. Somit sind diese prognostischen Syndrome (Urbaniok, a.a.O.) Persönlichkeitsmerkmale, „die in direkter Weise mit erhöhten Risiken für delinquentes Verhalten einhergehen können" (Urbaniok, S.29) In der Persönlichkeit von seriellen Gewalt- und Sexualdelikten lassen sich in der Regel eines oder die Kombination mehrerer diese oben beschriebenen Merkmale feststellen, die darüber hinaus zum psychischen Repertoire einer antisozialen Persönlichkeit zählen.

Hoch-Risiko-Phantasien und Handlungsmotivation

Im Allgemeinen herrscht die Meinung, daß bei sexuell affizierte Straftaten von Seiten der Täter auch deviante sexuelle Phantasien zugrunde gelegen haben, die gewissermaßen als mentale Dynamik diesen Straftaten vorausgegangen sind. Hingegen stellen deviante sexuelle Phantasien für sich alleine genommen noch keinen Risikofaktor zur Begehung von sexualpathologischen Straftaten dar. Jedoch sexuell- sadistisch geprägte Vorstellungen im Sinne von Hoch-Risiko-Phantasien sind ein eindeutiges Indiz dafür, daß mit großer Wahrscheinlichkeit sexuelle Straftaten, bis hin zu Tötungsdelikten, diesen sadistischen Vorstellungen folgen, da in ihnen die späteren Taten imaginiert und bis ins Detail vorgeplant werden. Alleine schon diese perversen „Phantasiereisen" lösen bei den Tätern Allmachtsphantasien, Manipulationsstrategien und sexuell kontaminierte Lustgefühle aus, die sich jedoch nicht ausschließlich auf die Befriedigung dieser Gefühle beschränken, sondern darüber hinaus ihr selbstunsicheres Ich omnipotent erscheinen lassen. Der sexuelle Reiz steht nicht im Vordergrund, sondern es geht vornehmlich um Macht, Kontrolle und Zerstörung der Opfer.. Die physiologischen und emotionalen Reaktionen verweisen auf den Zusammenhang zwischen Vorstellung und Handlungsmotivation. Je stärker ausgeprägt die auf eine Vorstellung folgende physiologische Reaktion ist, umso wahrscheinlicher wird eine Handlungsmotivation. Tritt hingegen keine physiologische Reaktion ein, so ist es weniger wahrscheinlich, daß den visuellen Vorstellungen auch schließlich entsprechende Taten folgen. Von Hoch-Risiko-Phantasien als tatmotivierende Vorstellungswelten im Bewußtsein der Täter kann somit dann gesprochen werden, wenn in ihnen die Folterung, das Quälen,

Vergewaltigen und Töten des Opfers visuell konkretisiert wird, also einer eindeutigen pervers- sadistischen Antriebsrichtung folgt.

Es gilt als gesichert, daß es Vorstellungen gibt, die zu einer stärkeren Handlungsmotivation führen als andere und auf einer intrinsischen Motivationsebene ausgelöst werden und demnach nicht ausschließlich durch äußere Reize zustande kommen, sondern in der Phantasiewelt des Täters verortet sind. (hierzu: Endress, Rossegger) Da ein wichtiges Bindeglied zwischen Vorstellung und Handlung die durch Phantasien ausgelösten Körperreaktionen sind, dürfen unter diesem Gesichtspunkt die sexuellen Hoch-Risiko-Phantasien als ein wesentliches Indiz für die Begehung solcher Straftaten und zugleich Hinweise auf die Prognostizierung möglicher Rückfälle, sowie die kriminologische Einordnung des Täters als Serientäter, bzw. von seiner Veranlagung her, als ein potentieller Serientäter betrachtet werden.

Ausmaß und Struktur serieller Gewaltdelikter

Serienmord ist kein spezifisch gesellschaftliches, politisches oder kulturanthropologisches Problem, sondern kommt in allen Teilen der Welt vor. Auch läßt er sich nicht in spezifischen sozialen Segmenten verorten, wenngleich auch bestimmte psychosoziale und biographische Gemeinsamkeiten bei Serientätern festzustellen sind. So sind sie oftmals in einem gewaltkontaminierten Sozialisations- und Erziehungsklima aufgewachsen und/oder haben spezifische Traumata oder belastende Schlüsselerlebnisse in ihrer frühen Kindheit oder im Jugendalter erfahren, so daß die primären Ursachen im familialen Nahraum zu finden sind. Diese prägenden Ereignisse sind jedoch schichtunabhängig und kommen in allen Teilen der Gesellschaft vor. Wenngleich Serienmorde im Rahmen von Gewaltkriminalität ein spezifisches Ausnahmephänomen darstellen, so ist dennoch das Ausmaß dieser Verbrechen beträchtlich. So stellten in dem Zeitraum von Anfang 1995 bis Mitte des Jahres 2000 weltweit über 229 Serienmördern ihren Opfern nach und verübten letztlich 2836 Morde. Die meisten dieser Tötungsdelikte fanden in den USA statt. Nachforschungen in der Bundesrepublik Deutschland (ausgenommen die damalige DDR) für den Zeitraum von 1945 bis zum Jahre 2000 ergaben insgesamt 421 serielle Tötungsdelikte, für die 67 Männer und 8 Frauen rechtskräftig verurteilt wurden. Mindestens 22 Mordserien mit 83 Opfern blieben unaufgeklärt. Des Weiteren sind 91 Täter verurteilt worden, deren augenscheinliche Ausrichtung ihrer pathologischen Motivations- und Persönlichkeitsstruktur jedoch auf eine serielle Täterkarriere hindeutete und wegen versuchtem Mord, Vergewaltigung, Raub- und Sexualmord verurteilt wurden und somit als potentielle, bzw. verhinderte Serienmörder einzustufen sind. Darüber hinaus ließ deren mörderisches Credo: „Ich hätte weitergemacht", „Das wäre eine Lawine geworden". Oder: „Laßt mich bloß nicht raus", keinerlei Zweifel über den weiteren Verlauf ihrer Karriere aufkommen. 20 männliche Täter standen zudem unter dem dringenden Tatverdacht, mindestens drei Opfer getötet zu haben, konnten jedoch lediglich wegen zwei Mordtaten nachgewiesenermaßen verurteilt werden. In den vergangenen 55 Jahren „trachteten mindestens 207 Täter ihren Opfern reihenweise nach dem Leben Hierbei bleiben jene Täter unberücksichtigt, die dem typischen Persönlichkeits- und Verhaltensprofil des Serientäters entsprechen, glücklicherweise aber schon nach ihrer ersten Tat verhaftet und der Justiz zugeführt werden konnten. Der österreichische Profiler und Kriminalpsychologe Thomas Müller definiert serielle Gewaltdelikte wie folgt: „Der voll oder vermindert schuldfähige Täter begeht alleinverantwortlich oder gemeinschaftlich mindestens drei vollendete vorsätzliche Tötungsdelikte (oder sexuelle Gewaltdelikte, Anm. d. d. Verfasser), [...] die von einem jeweils neuen, feindseligen Tatentschluß gekennzeichnet sind." (zitiert in: Harbort 2011).

Serienmorde stellen kein ausschließlich männliches Problem dar, sondern werden ebenso von Frauen begangen, wenngleich auch in einem erheblich geringerem Ausmaß. So standen ab dem Zeitraum nach dem Zweiten Weltkrieg 67 männlichen Tätern acht Frauen gegenüber. Obgleich sich wesentliche Persönlichkeitsmerkmale ähneln, die der antisozialen Persönlichkeitsstruktur zuzuordnen sind, wie etwa: fehlende Empathie, Bindungsunsicherheit, Antriebsschwäche, starke narzißtische Kränkbarkeit, egozentrische, bzw. egomanische Grundhaltungen, mangelnde Impulskontrolle, deutlich verminderte Angstkompetenz, d.h. das Unvermögen Gefahren für sich selbst realistisch einzuschätzen, sowie emotionale Labilität verbunden mit einem schwachen Selbstwertgefühl, besteht dennoch ein Unterschied in den jeweiligen Motivationen, welche die Taten begünstigten. Bei männlichen Serientätern herrschen Gefühle der Macht und der totalen Verfügbarkeit des Opfers vor, um sie zu quälen zu vergewaltigen und schließlich ums Leben zu bringen. Hingegen töten Frauen in der Regel um sich aus nicht mehr zu ertragenden Situationen zu befreien. Männliche Serientäter überschreiten Grenzen und begehen Handlungen an ihren Opfern, die normalerweise jenseits unserer Vorstellungskraft liegen. Frauen versuchen durch ihre Taten Grenzen aus Gründen des Selbstschutzes, Selbstachtung und der Selbsterhaltung zu ziehen. Männliche Serientäter und ihre weiblichen Pedanten sind allerdings von ein und derselben Handlungsmaxime geleitet: ihrer subtilen, mörderischen Konsequenz.[1]

Im Zuge der Beschäftigung mit seriellen Gewaltdelikten dringen wir in Erfahrungs- und Erlebniswelten vor, die wir ansonsten nicht betreten, da sie außerhalb unseres Vorstellungsvermögens liegen und wenn wir uns dennoch mit ihnen befassen, uns oftmals psychisch überfordern. Wir schauen im Sinne Nietzsches in einen Abgrund, der uns zu verschlingen droht. Trotzdem scheint es unerläßlich, sich mit den bizarren und abstoßenden Phantasie,- Denk – und Handlungsabläufen dieses äußerst schwierigen Klientels zu befassen, nicht zuletzt deshalb um frühzeitig krimogene Tendenzen, die offensichtlich in die Richtung solcher schwerwiegender Verbrechen hinweisen, als solche auch zu erkennen. Serienmörder zeigen gemäß der Klassifizierung des DSM-IV (Diagnostisches Statistisches Manual psychischer Erkrankungen Cluster B: Histrionische/ Borderline- Störung, narzißtische Persönlichkeitsstörung, antisoziale Persönlichkeitsstörung) das klassische Bild einer antisozialen Persönlichkeit mit starken malignen narzißtischen Anteilen, die sie zu solchen Taten befähigen. Dem amerikanischen Psychoanalytiker Otto F. Kernberg zufolge liegt ihrem Persönlichkeitskonzept eine Borderlinebasisstruktur zugrunde, die auf dem Niveau einer Borderliner-Persönlichkeitsstörung ein komplexes Repertoire psychischer Persönlichkeitsstörungen enthält.

Beobachtet man nunmehr die Praxis des justiziellen Umganges mit diesen Personen fällt auf, daß bei entsprechenden Verurteilungen derartiger Täter oftmals die spätere Gefährlichkeit und Eigendynamik sexualpathologischen Verhaltens entweder nicht bemerkt worden sind und infolgedessen auch nicht in Beurteilungen und Begründungen der Strafgerichtsbarkeit Einlaß finden und spezielle therapeutische Maßnahmen nicht angeordnet wurden. Dies scheint einer Denkweise geschuldet zu sein, die davon ausgeht, daß sich auch noch so schwerwiegende singuläre Taten durch juristische Maßnahmen in Zukunft ein für allemal ausschließen lassen und Strafmaßnahmen auf den einzelnen Täter präventiv wirken sollen. D.h., daß von Seiten justizieller Institutionen bei einem Täter mit antisozialer Persönlichkeitsstruktur, die möglicherweise auf eine serielle Karriere mit sexualpathologischem Hintergrund hindeutet, dennoch davon ausgegangen wird, daß die Strafe eine präventive Wirkung nach sich ziehen könnte. Die hierbei intendierte abschreckende Funktion der Strafmaßnahme hingegen verfehlt bei potentiellen Serienmördern aufgrund deren spezifischen pathologischen Persönlichkeitsstruktur ihre Wirkung, wobei die aus der Basisstruktur der Borderline- und/oder narzißtischen Persönlichkeitsstörung herrührenden Charaktermerkmale erschwerend hinzukommen. Strafe kann daher in diesen Fällen nur eine Sicherheitsfunktion im Sinne eines tatfreien Moratoriums erfüllen um weitere Opfer zu verhindern. Wenngleich auch im § 1 des Strafvollzuggesetzes die Resozialisierung gleichrangig neben dem Sühnegedanken rangiert, so sind doch bei dieser Art von Klientel erhebliche Zweifel hinsichtlich ihrer Resozialisierungsfähigkeit angebracht. Insofern scheint es notwendig, an dieser Stelle auf die quasi „Gesetzmäßigkeit" psychischer Verlaufsformen hinzuweisen, an deren Ende sexualpathologisch affizierte Verbrechen und Tötungsdelikte stehen.

Gewaltdelikte und insbesondere Serientäter, die von sadistischen oder fetischistischen Tötungsphantasien angetrieben werden und schließlich sexualpathologisch affizierte Verbrechen begehen, durchlaufen regelmäßig einen spezifischen und gleichartigen Entwicklungs- und Handlungszyklus. Dieser ist durch sieben Verlaufsphasen gekennzeichnet.

Konditionierungsphase (Genese):

Während der Kindheit und gelegentlich auch erst im Jugendalter sind die Täter mit einem spezifischen Schlüsselreiz konfrontiert worden, der eine abnorme sexuelle und /oder aggressiv-sadistisch besetzte Erlebnisrichtung anstößt. Dieser Schlüsselreiz setzt ein pathologisches Bewußtsein und Erleben in Gang und wird im späteren Tötungsakt reflektiert. Das Schlüsselerlebnis wird Kernberg zufolge entweder lustvoll, emotional belebend oder als seelisch belastet empfunden. Bei letzterem scheint noch so etwas wie eine innere Barriere gegen derartige Empfindungen zu bestehen. Wenn dem so ist, wäre hier vermutlich noch eine therapeutische Intervention möglich, die eine Bewußtseinsveränderung zum Ziel hat.

Es liegt die Vermutung nahe, daß bei Personen mit sadistisch-perverser Präferenz eine gewisse Prädisposition vorliegt, die möglicherweise durch Beeinträchtigung spezieller Gehirnfunktionen im vorderen Kortex und/oder mit einem ungewöhnlich hohen Testosterongehalt bei gleichzeitig erniedrigtem Serotoninspiegel korreliert. Dieses Zusammenspiel wirkt sich auf die Gesamtpersönlichkeitsentwicklung aus und führt häufig zu aggressivem und destruktivem Verhalten. Untersuchungen haben gezeigt, daß Schädigungen spezifischer Gehirnfunktionen im vorderen Kortex und/oder eine verminderte Konzentration des Serotoninmetaboliten in der cerebrospinalen Flüssigkeit (Rückenmarkswasser) mit menschlicher Gewalt und Aggression korrelieren. Ein niedriger Spiegel wurde bei Personen gemessen, die gewalttätig in Verbindung mit Alkohol in Erscheinung traten, bei den als antisoziale Persönlichkeit klassifizierten Gewaltdelikten sowie bei Kindern, die Tiere foltern und töten und deren schlechte Impulskontrolle zu zerstörerischem Verhalten führt. Von dem amerikanischen Serienmörder Jeffrey Dahmer, der in den 80er Jahren des vorigen Jahrhunderts sich als Serienmörder betätigte wissen wir, daß er bereits im frühen Kindesalter derartigen Anreizen nachgegangen ist indem er kleine Tiere zerlegte um deren Knochen und Eingeweide zu betrachten. Im Erwachsenenalter tötete er 17 junge Männer auf bestialische Art und Weise und beging Kannibalismus. Der sogenannte Kannibale von Rothenburg Meiwes gab in einem Interview mit dem österreichischen Profiler Thomas Müller zu, daß er kannibalistische Schlachtungsphantasien bereits im Kindheitsalter entwickelt habe. Dessen Schlüsselerlebnis lag im frühen Tod seines Vaters zu dem er eine tiefe emotionale Bindung hatte und den er mittels kannibalistischer Einverleibungen anderer männlicher Altersgenossen hoffte, auf diese Weise immer bei sich zu haben.

Das Schlüsselerlebnis wird in der Regel von einem noch zunächst als diffus wahrgenommenen Lustgefühl begleitet. Wenngleich diese sogenannten Schlüsselreize unterschiedlicher Art und Qualität sein können, so haben sie aber immer die Funktion einer Initialzündung, welche im Verlaufe der weiteren Biographie auf die Emotionalität und psychosexuelle Entwicklung der späteren Täter einen wesentlichen Einfluß ausübt und in einer gewissermaßen ganzheitlichen Form die Persönlichkeit prägt. Der emotionale Sprengsatz ist gelegt und „die Bombe beginnt zu ticken".[2] Zunächst werden die Schlüsselreize noch nicht als Teil der eigenen Sexualität verstanden, sondern „irgendwie erregend, merkwürdig, angenehm oder als komisches Gefühl erlebt" [3], integrieren sich jedoch als eine starke und dominierende Wahrnehmung in der Psyche der zukünftigen Täter. Während dieser Phase treten bereits gewaltbesetzte Phantasien auf, die das innere Erleben, sowie die als belastend empfundenen Selbstwahrnehmungen verstärken. Die Phantasien entwickeln sich stufenweise fort und nehmen immer mehr den Charakter einer emotionalen und sozialen „Parallelwelt" an. Diese Phantasien werden während der Phase der Genese immer auch als wesensfremd und bedrohlich wahrgenommen. Allgemein läßt sich konstatieren, daß potentielle Serientäter bereits in ihrer frühen Kindheit Erziehungs- und Sozialisationsdefiziten ausgeliefert waren und ihr Dasein von tiefem Mißtrauen, mangelndem Selbstwertgefühl geprägt ist. Zudem nahmen sie oftmals schon in ihrer Kindheit eine Außenseiterposition ein. Ihr Sozialverhalten ist geprägt durch Orientierungslosigkeit, Bindungsschwäche aufgrund negativ erfahrener Bindungsmuster, geringem Durchsetzungsvermögen, mangelnder Konfliktbereitschaft und einer feindlichen Grundeinstellung.

Entwicklungsphase (Identifikation):

Erst nach Wochen oder Monaten werden die Schlüsselreize gedanklich nacherlebt und tauchen als Phantasien ins Bewußtsein auf. In Verbindung mit autosexuellen Aktivitäten verfestigen sich die Schlüsselreize und werden zum zentralen Thema sich schleichend ausbildender Gewaltphantasien, „die auch bei gedanklichem Ausbau stets das Wesenselement des Initialreizes widerspiegeln,[4] bspw. Schlachtungsphantasien und Phantasien kannibalistischer Einverleibungen, wie etwa bei dem sogenannten Kannibalen von Rothenburg Armin Meiwes. Da sie auf Dauer nicht verdrängt werden können, entsteht eine innere Rechtfertigung, die allmählich idealisiert wird. Die imaginäre Vorstellungswelt künftiger Taten reicht nicht mehr aus, so daß die Idealisierung dazu beiträgt, diese irgendwann in Realität umzusetzen. Andere sexuelle Erlebnismöglichkeiten, die sich im Verlaufe der Pubertät naturgemäß einstellen werden ausgeblendet und nicht wahrgenommen. Es folgt eine bereits pathologische Fixierung auf sexuell-sadistische und perverse Aktivitäten, die in den Phantasien vorgedacht sind. Diese sind ausschließlich auf fremde Personen gerichtet. Die Vorstellungswelt wird beherrscht von Phantasien des zerschneiden, foltern, mißbrauchen und schließlich töten. Frustrierende Erfahrungen mit dem anderen Geschlecht, worunter auch sogenannte traumatisierende Erlebnisse mit der mütterlichen Bezugsperson fallen, verstärken diese Phantasien zusätzlich und machen dem Täter die „Andersartigkeit" seiner Persönlichkeit bewußt. In Folge geschieht eine systematische Ausgrenzung aus normalen sozialen Bezügen. Somit entsteht in der Phantasie der späteren Täter eine immer zwingender wirkende Parallelwelt, welche reale Bezüge zur Außenwelt immer mehr überlagert und sich auf die gesamte psychische Konstitution auswirkt. Serientäter gaben zu, daß solcherart Phantasien zeitweise ihre gesamte Denk- und Vorstellungswelt bis zu ihrer ersten Mordtat beherrscht haben und denen sie sich kaum entziehen konnten. Diese sogenannten Hoch- Risiko- Phantasien, die durch sexuell sadistische Vorstellungen geprägt sind, gehen immer auch mit starken physiologischen Reaktionen einher und richten sich in ihrer Zielsetzung auf die späteren Gewalt- und Sexualdelikte. Von Hoch- Risiko – Phantasien kann dann gesprochen werden, wenn sich in ihnen die späteren Gewalttaten imaginieren. (Vgl. hierzu: Endress, Rosegger, Borchard: Sexuelle Hoch- Risiko- Phantasien: Grundlagen und Intervention, in: Interventionen bei Gewalt- und Sexualstraftätern, 2012) Untersuchungen bei einschlägigen Straftätern lassen vermuten, „daß mehr als zwei Drittel der Straftäter deviante, sexuell geprägte Vorstellungen haben" (Ebenda), die als Hoch-Risiko-Phantasien das Bewußtsein überlagern. Von Hoch-Risiko-Phantasien ist dann die Rede, wenn sich die

Phantasien um Fetischismus, Exhibitionismus, Voyeurismus, Sadismus, Pädophilie oder sexuelle Gewalt in Form von Körperverletzungen, Nötigung oder Tötungshandlungen konzentrieren. Und genau diese Phantasien werden während der Verlaufsphasen zunehmend die Vorstellungswelt des späteren Täters beherrschen.

Verselbständigungsphase (Antizipation):

Harbort zufolge stellt diese Phase zeitlich betrachtet die kürzeste dar und ist gekennzeichnet durch die imaginäre Vorstellung an eine reale Tat ohne jedoch klare Tatvorstellungen zu haben. Gleichzeitig setzt eine schleichende Außerkraftsetzung des Gewissens ein, die letzten Skrupel werden beseitigt und bereits Teile eines Tatentwurfs durchdacht. Die Phase der Antizipation ist eine Phase der Entschlußfassung, in der ein Gefühl für die imaginäre Extremsituation entwickelt wird. So werden Örtlichkeiten gesucht und Mitmenschen als potentielle Opfer ausgespäht und verfolgt. Teile der künftigen Tatausführung werden jedoch durchdacht, so daß von einer Affekthandlung nicht mehr gesprochen werden kann (Hierzu: der Fall Mirco aus Grevenbroich). Infolgedessen entwickelt sich eine spezifische Erfahrungswelt eines abnormen ritualisierten Sexualverhaltens. Hierbei werden Tiere verstümmelt, gequält und getötet oder wie im Fall von Frank Schmökel sexuelle Handlungen an ihnen vorgenommen im Sinne von Ersatzhandlungen anstelle der in der Phantasiewelt vorhandenen menschlichen Objekte. Die Ersatzhandlungen nehmen suchtähnlichen Charakter an und müssen, wie unter Zwang, ständig wiederholt werden. Begleitet werden diese Ersatzhandlungen von „abstoßenden", „unheimlichen", „zwanghaften" aber auch „höchst lustvoll empfundenem Verlangen" (Harbort). Im weiteren Verlauf dieser Phase werden die Phantasien ausgebaut, bis hin zur Tötung eines Menschen. Hierbei geht es weniger um Sexualität im engeren Sinne, sondern um Manipulation des zunächst noch imaginären Opfers, sowie um Dominanz, Macht und totale Situationskontrolle. Es werden Szenarien der totalen Bemächtigung des Opfers entworfen. Harbort zufolge kennzeichnet den Endpunkt dieses Entwicklungsstadiums „eine vollständige, bisweilen autistisch anmutende soziale Abkapselung" (Harbort). Unterschiedlich ausgeprägte Omnipotenzphantasien ersetzen die „reale Welt, die reale Konfrontation" mit der Wirklichkeit und lassen ein omnipotentes Selbstkonzept grenzenloser Allmacht entstehen. Es bildet sich im Bewußtsein des Täters eine in der Phantasie vorgebildete Parallelwelt, in der dissoziales Verhalten eher selten vorkommt. „Die Täter gelten vielmehr als Sonderlinge". [5] Nach außen hin verhalten sie sich eher unauffällig und angepaßt. Ihre beste Tarnung besteht in der allgemein geläufigen Vorstellung von Normalität, d.h., daß nach außen hin sichtbare normale Alltagsverhalten macht sie unverdächtig in Bezug auf derlei Gewaltdelikte. So konnte der Seriendelikter Ronny Ricken, Vater von zwei Kindern, unentdeckt bleiben bis zu dem Zeitpunkt, wo man ihm 2 Tötungsdelikte an Kindern nachweisen konnte. Zuvor hatte er eine ganze Reihe von Vergewaltigungen und versuchter Vergewaltigungen begangen und eine Spur des Schreckens in seiner unmittelbaren Umgebung hinterlassen. Komplexe Verbrecher haben eben keine gelben Augen, kratzen auch nicht mit Fingernägeln am Boden herum und tragen keine Inschrift auf der Stirne: „ich habe drei Menschen umgebracht".[6] Das Außergewöhnliche trägt die Fassade des Gewöhnlichen, der scheinbaren Normalität. Zudem trägt der narzißtische Anteil in der Persönlichkeit solcher Täter dazu bei, eine nach außen hin normale Fassade im Sinne einer „Als ob Persönlichkeit" darzustellen, indem sie eine normale soziale Existenz vortäuschen und sich in der Regel als gut integriert in ihrer unmittelbaren Umgebung zeigen.

Probierphase (Performance):

In der Phase der Performance wird zum ersten Mal die Tötungshemmung, zumindest in emotionaler Hinsicht überwunden. Obgleich die Tötung oftmals aus unvorhersehbaren Gründen unterbleibt, ist dennoch der feste Entschluß, das Opfer töten zu wollen, vorhanden. Das zunehmende Verlangen, die Phantasien und illusionären Wunschvorstellungen zu realisieren, kennzeichnen die Probierphase. Harbort zufolge vergehen regelmäßig mehr als zehn Jahre, bis diese Phase mit ihren spezifischen sexualpathologischen Eigenheiten erreicht ist. Die bislang vorgenommenen Ersatzhandlungen verlieren an Bedeutung und Stimulus. Das Bestreben „sich selbst in der Tat zu erleben",[7] nimmt sukzessiv zu. Somit werden erste Versuche der Tatausführung unternommen, geeignete Möglichkeiten und Tatorte gesucht und nach potentiellen Opfern Ausschau gehalten, belauert und schließlich auch angegriffen. Jedoch unterbleibt in der Regel die Tötungshandlung, da der Täter sich durch unerwartete Reaktionen von Seiten des Opfers zunächst noch von der Vollendung der geplanten Tat abhalten läßt, bzw. es überkommen ihm plötzlich Angstvorstellungen entdeckt und „gekriegt zu werden". Den späteren vollendeten Tötungsdelikten gehen zumeist derartige „Versuche" voraus. So sind 85,7% der triebgesteuerten Serienmörder vor ihrem ersten Mord wegen versuchter Vergewaltigung, sexueller Nötigung, Körperverletzung, Bedrohung oder Freiheitsberaubung rechtskräftig verurteilt worden.[8] Hieran läßt sich aus forensischer Sicht eine kontinuierliche Gewaltspirale erkennen, die jedenfalls bei den meisten der verurteilten Täter in Tötungsdelikten endete. Gleichwohl wurde deren Veranlagung als künftige serielle

Täter oder die in der Tathandlung verborgene Tötungsabsicht weder von gutachterlicher noch von justizieller Seite erkannt. Bei dem als „Kirmesmörder" bekannt gewordenen vier- fachen Mörder Jürgen Bartsch gingen, bevor er 1962 im Alter von 16 Jahren seinen ersten Mord praktizierte, mehrere sexuelle Übergriffe an Jungen voraus. Polizeiauffällig wurde er 1961 aufgrund eines sexuell-sadistischen Übergriffes an einen Jungen aus seiner Nachbarschaft. Das Verfahren, daß in völliger Verkennung des wahren Tathintergrundes wegen Körperverletzung vor dem Amtsgericht Wuppertal in Gang gesetzt wurde, endete mit einer Einstellung des Verfahrens. Während dieses Zeitraumes entwickelte Bartsch seine mörderischen Phantasien mit stetig wachsender Intensität, die auch alsbald in insgesamt vier Morddelikten ihren traurigen Niederschlag fanden. Ähnlich lief die Gewaltspirale bei dem Serientäter Schmökel ab, der vor seinem ersten Mord mehrere Vergewaltigungen beging und zuvor Sodomie mit Ziegen und einer Schäferhündin, die er anschließend tötete, betrieb. Diese zutiefst pathologischen Taten wurden von seiner unmittelbaren Umgebung nicht als krimogene Faktoren wahrgenommen und infolgedessen blieben entsprechende therapeutische Interventionen, die zu diesem Zeitpunkt vielleicht noch eine Wesensveränderung gebracht hätten, aus.

Harbort unterscheidet zwei Typen von Serienmördern: den konkret planenden und zum anderen den spontanen Täter. Beide Tätergruppen gelten jedoch als Persönlichkeitstäter, da sie über die entsprechenden risikorelevanten charakterologischen Problembereiche verfügen. Und beiden ist gemeinsam, daß nicht die Situation der ausschlaggebende Anlaß zur Tat ist, sondern die Tat aus den pervers sadistischen Merkmalen ihrer Persönlichkeit kommt. Bei ersteren geht eine gewisse Vorbereitungsphase aufgrund der perversen Triebstruktur voraus, bei den Spontantätern reicht ein spezifischer Trigger aus, um die Tötungshemmung zu überwinden.

Umsetzungsphase (Reflexion):

Während dieser Phase findet die erste vollendete Tötungshandlung statt, bei der unumkehrbar eine Grenze überschritten wurde. Die Täter haben inzwischen gelernt, mit ihrer Angst umzugehen, sich auf veränderte, bzw. unverhoffte Situationen einzustellen und realisieren nun ihre Phantasien und Wunschvorstellungen. Die Phantasien drängen immer mehr nach realer Verwirklichung an adäquaten Objekten. Ersatzhandlungen finden keinen Platz mehr in den strategischen und psychischen Momenten ihrer perversen Vorstellungen. Die ursprünglich vorhandene, aber noch unterdrückte, Tötungsabsicht gewinnt immer häufiger die Oberhand.

Der Täter „rennt" los und macht regelrecht Jagd auf seine Opfer. Dazu gehört, daß er bspw. wie im Fall des Serientäters Schmökel zielgerichtet nach entsprechenden Opfern Ausschau hält, die seinem „Beuteschema" entsprechen. Im Fall Schmökel handelte es sich um ein zehnjähriges Mädchen, daß er würgte und vergewaltigte in der Annahme, daß das Kind schließlich tot sei. Das Kind überlebte. Gleichwohl war bei Schmökel jene Grenze überschritten, welche die Tötungshemmung ausmacht, da eine Tötungsabsicht zugrunde gelegen hatte und er sich zudem im Bewußtsein eines vollendeten Mordes befand und er in diesem Bewußtsein den Tatort verließ. Der Tötungsakt ist dann die äußerste Vollendung der Manipulation und imaginären Vorstellung Herr über Leben und Tod eines anderen zu sein. Das durch den Schlüsselreiz tief verankerte Ritual des Quälen und schließlich Töten des Opfers bestimmt den Ablauf des grausamen Geschehens, die „Ausgestaltung" des Tatortes und die häufig anzutreffende degradierende Plazierung des getöteten Opfers. Den Tötungsakt selber erfährt der Täter zunächst als mentale Befreiung, da er endlich seine immer wüster werdenden Phantasien in die konkrete Tat umsetzen konnte. Darüberhinaus findet sein malignes narzißtisches Selbstbewußtsein eine Aufwertung die ihn, trotz mancher Zweifel, für weitere Mordtaten prädestinieren, denn er hat die Erfahrung gemacht, daß die „Realisierung" seiner „Phantasien tatsächlich möglich ist" (Harbort). Dennoch können seine eigenen Empfindungen ambivalent sein. Er bewertet die Tat widersprüchlich, d. h. er sieht sie als Erlangung von Macht und Unabhängigkeit, gleichzeitig empfindet er das eigene Verhalten als abstoßend. Er ist zwar begeistert und erleichtert darüber, daß er seine Phantasien umsetzen konnte, jedoch ebenso betroffen und verängstigt, daß er entdeckt werden könnte. Diese widersprüchlichen Gefühle bewirken eine vorübergehende, zeitlich oftmals längere Pause, verbunden mit einer gewissen „Abkühlung". Harbort zufolge gibt es drei Kriterien, weshalb ein Täter erneut Morde begeht. Es kann zu einem Wiederholungsreiz kommen, d. h. es entsteht eine Situation oder es erfolgt ein Reiz (Trigger), der den Täter spontan animiert. Es entsteht ein Wiederholungsdrang, der durch bestimmte psycho-sexuelle Anregungen ausgelöst werden kann und schließlich kommt es bei einer Mehrzahl von Serienmördern zu einem Wiederholungszwang. Wobei die Matrix der verbrecherischen Lebensführung eine unterschwellige oder auch offenkundige Lust am Tabubruch darstellt. Dies beruht offensichtlich auf das Charaktermerkmal einer dissozialen Persönlichkeitsstruktur, den die Täter neben ihren sonstigen tatrelevanten Problembereichen aufweisen. Diese Matrix ist die Prämisse für weitere Morde, dann gibt es Harbort zufolge kein Zurück mehr und der Täter muß wie unter einem unerbittlichen Zwang morden, da er dies als zentrale Möglichkeit ansieht, eigene Bedürfnisse zu befriedigen.

Vertiefungsphase (Remake):

Zu Beginn dieser Phase tritt Erleichterung aber auch Bestürzung über die vollendete Tat ins Bewußtsein. Die Erfahrung, mit einer gewissen Leichtigkeit einen Menschen töten zu können um die eigenen Phantasien einzulösen, vermittelt dem Täter das Ausmaß seiner perversen Neigungen. Diese Empfindungen sind getragen von „zwiespältigen, weil zugleich erotisierenden und grüblerischen Reflektionen eigener Abnormität und Gefährlichkeit"[9]. Der Gewöhnungsprozeß an derartige Handlungen beginnt von Seiten des Täters nur allmählich. Dies erklärt auch die relativ große Zeitspanne bis zur Begehung eines weiteren Verbrechens. Rein statistisch gesehen liegen zwischen der Begehung der ersten Tat und weiteren Tötungshandlungen zwei ein Viertel Jahre. Nicht zuletzt hält auch die anfängliche Angst vor Entdeckung und Inhaftierung die Täter zunächst von weiteren Verbrechen dieser Art ab. Dennoch werden die mörderischen Phantasien weiter das Denken und Fühlen dieser Täter beherrschen und nehmen immer mehr zwanghaften Charakter an. Jeffrey Dahmer beging seinen ersten Mord mit 16 Jahren, die weiteren seriellen Mordtaten folgten erst Jahre später, wobei die Mordfrequenz stetig zunahm. Jürgen Bartsch tötete nach erst dreieinhalb Jahren sein zweites Opfer. Es muß jedoch bedacht werden, daß es keine sichere Voraussage oder Einschätzung hierzu gibt, so daß sich der Mordrhythmus eines Serienmörders nicht empirisch berechnen oder gar voraussagen läßt. Auch können soziale Umstände eintreten, wie etwa berufliche Wechsel, vorübergehende Inhaftierung wegen anderer Straftaten, Erkrankung, Heirat, Partnerschaften oder Ortswechsel, die ein vorübergehendes Mordmoratorium begünstigen. Bei Jeffrey Dahmer trat dieses Moratorium ein, als er zeitweise bei der US-Army seinen Wehrdienst absolvierte.

Wiederholungsphase (Serialität):

Nach der ersten Mordtat hat der Täter eine Grenze überschritten, bei der er festgestellt hat, daß er psychisch und in moralischer Hinsicht dazu in der Lage ist, andere Menschen bedenkenlos zu töten. Außerdem hat er die Erfahrung gemacht, daß es für ihn relativ „leicht" ist, einen Menschen ums Leben zu bringen. Wobei sich das Gefühl der „Leichtigkeit" des Tötungsvorganges nicht auf die instrumentelle Durchführung bezieht, sondern auf die Überwindung einer Hemmschwelle, die vor der ersten Mordtat in gewisser Weise noch wirksam war. Die Situation der Tathandlung, in der er das Opfer quält, vergewaltigt und schließlich tötet, signalisiert ihm ein Gefühl grenzenloser Omnipotenz. Zugleich gewinnt die

Vorstellung, die Tat noch „perfekter" auszuführen und damit den psychischen und physiologischen Reiz zu verstärken zunehmend die Oberhand. Auch die oftmals degradierenden Handlungen an der Leiche verstärken in ihm das Gefühl Herr über Leben und Tod zu sein, gewissermaßen nach Eintritt des Todes sich des Opfers noch bemächtigen zu können. Skrupel oder gar Schuld- und Schamgefühle treten nicht mehr auf oder werden gänzlich ignoriert, da das Bedürfnis durch den Tötungsakt höchste Befriedigung zu erreichen überwiegt. Auch reicht das gedankliche Nacherleben des ersten Mordes nicht mehr aus, dessen stimulierendes Potential ist inzwischen weitgehend erschöpft. Hinzu kommt, das bei einigen Tätern der Eindruck entsteht, die Tat sei noch nicht in höchster Vollendung vollzogen worden und infolgedessen auch die in der Phantasie ausgemalten Tötungsszenarien noch nicht erreicht. Da jedoch die erste Tat unentdeckt blieb, schwindet auch für den Täter das Entdeckungsrisiko, welches „eher gering eingeschätzt" (Harbort) wird und somit weitere Hemmungen. Der Täter geht davon aus, daß weitere Taten für ihn folgenlos bleiben werden. Bereits nach der zweiten Tat verschwinden sukzessiv kognitive und emotionale Reflexionen über das Ausmaß seiner perversen Veranlagung, „wobei die Tötungshemmung [...] durch Tatgewöhnung und eine sich schneller verbrauchende Phantasie überlagert und schließlich vollständig ausgeblendet wird".[10] Der amerikanische Serienmörder Jeffrey Dahmer beging die letzten drei Morde seiner insgesamt 17 Tötungsdelikte in den letzten 15 Tagen vor seiner Verhaftung.

In immer kürzeren Abständen vollzieht sich die Spirale der Gewalt, welche durch aktuelle private und berufliche Versagenserlebnisse beschleunigt wird. Die zwangsläufige Sequenz, mit der die weiteren Morde erfolgen, ergibt sich der fortschreitenden Werteverschiebung und des zunehmenden Realitätsverlustes. Serienmörder verlieren in diesem Stadium jeglichen noch vorhandenen Respekt vor ihren Opfern. Nunmehr braucht der Täter keine Rechtfertigung um zu morden, sondern reagiert nur noch auf seine eigenen perversen Bedürfnisse. Die Taten werden immer grausamer und gewalttätiger und die Zahl der Opfer steigt, bis zu dem Zeitpunkt, wo der Täter gefaßt wird. Bei den Serienmorden mit sexualpathologischem Hintergrund liegen den Taten nicht eine immer triebhafter werdende pervers- sadistische Sexualität zugrunde, sondern ein sich immer mehr steigernder Machtrausch, bedingungslos Herr über Leben und Tod zu sein. Therapeutische Interventionen greifen hier nicht mehr.

Resümee:

Das Persönlichkeitsprofil einschlägiger männlicher Serienmörder entspricht dem Erscheinungsbild einer antisozialen Persönlichkeit mit starken malignen narzißtischen Charaktermerkmalen und einer Borderline- Basisstruktur gemäß dem DSM-IV. Deren Verhalten ist ausschließlich und skrupellos auf den eigenen Vorteil, bzw. der Befriedigung ihrer perversen sexualpathologischen Bedürfnisse ausgerichtet. Sie mißachten permanent die Grenzen und Bedürfnisse anderer und es fehlt ihnen sowohl an einer ausreichenden Impulskontrolle, als auch an Empathie und an der Fähigkeit Schuld zu empfinden und aus negativen Erfahrungen zu lernen. Ihre Objektbeziehungen, d.h. ihre Beziehungen zu Mitmenschen, Tieren und Objekten der Außenwelt sind weitgehend pathologisch kontaminiert und mit einem relativ hohem Aggressionspotential durchzogen in denen verbale und körperliche Gewalt eine prägende Rolle einnimmt. Sie dienen nur der eigenen Bedürfnisbefriedigung. Die narzißtische Grundhaltung verhindert zusätzlich die Entwicklung reiferer mitmenschlicher Beziehungen. Innerhalb mitmenschlicher Beziehungen greifen sie zur besseren Angstbewältigung ihrer selbstunsicheren Persönlichkeit auf den Gebrauch von primitiven Abwehrmechanismen zurück, wie bspw. die Spaltung, die eine ganzheitliche Sicht auf den anderen, in diesem Fall das Opfer, versperrt. Das Opfer wird demgemäß nur als materielles Verfügungsobjekt gesehen, mit dem man machen kann was man will. Reifere Formen, wie Sublimierung, Verdrängung, projektive Identifizierungen mit „guten" Objekten der Außenwelt oder positive Reaktionsbildungen ihres Trieb- und Aggressionsapparates sind ihnen in der Regel aufgrund ihrer frühkindlichen Erfahrungen verwehrt. Sozialtherapeutische Maßnahmen im Rahmen strafrechtlicher Sanktionen, wie auch die Strafe selbst, führen nicht zu Verhaltensänderungen, da sie die tief verankerten pathologischen Strukturen der Psyche dieser Täter nicht erreichen und stattdessen im Bereich einer oberflächlichen „als ob Persönlichkeit" verbleiben, die nach außen hin angepaßt erscheint und Normalität vortäuscht.[11] Begünstigt wird dieses Erscheinungsbild durch das hohe Maß an Manipulationsvermögen, über das die meisten Täter verfügen und welches ihnen ermöglicht, ihre Umwelt über das wahre Ausmaß ihrer Persönlichkeitsdeformation zu täuschen. Die Opfer sind meist zufällig und ohne Beziehung zum Täter, sie sind tragischer Weise nur zum „falschen Zeitpunkt am falschen Ort".

Der amerikanische Psychoanalytiker Otto F. Kernberg hat die antisoziale Persönlichkeit als die schwerste Form der narzißtischen Störung in der Ausprägung eines malignen Narzißmus klassifiziert. Der narzißtische Anteil in der Persönlichkeitsstruktur von Serienmördern zeigt sich nicht zuletzt in der oftmals degradierenden Platzierung der getöteten Opfer, der Art und Weise des Tötungs- und Mißhandlungsvorganges und der Aneignung von Fetischen in Form von Kleidungsstücken etc. der Getöteten. In alldem offenbart sich, totale Macht über das Opfer auszuüben und bis über dessen Tod hinaus noch zu verfügen. Daß Gewaltdelikter mit antisozialer Persönlichkeitsstruktur oftmals bereitwillig und ausführlich über ihre Taten berichten oder sie, wie in den Fällen Schmökel und Breivink geschehen, vorher ankündigen, liegt offensichtlich an ihrem ausgeprägten malignen narzißtischen Charakter, der sich auf ein pathologisches Über-Ich (Kernberg) beruft, welches solche Taten aus Sicht der Täter „rechtfertigt". Auch das Bedürfnis über die Taten eine gewisse „Berühmtheit" zu erlangen, spielt möglicherweise hierbei eine Rolle. und entspricht dem narzißtischen Persönlichkeitsanteil der Täter. Die Rolle der Medien, die solche Selbstdarstellungen nur allzu bereitwillig aufnehmen, so wie im Fall Breivink geschehen, verstärkt dann das narzißtische Bedürfnis nach Anerkennung. Der amerikanische Serienmörder Gary Ridway, in der Kriminalgeschichte bekannt geworden als „Green- River- Murder", berichtete in Gesprächen mit der weiblichen Profilerin des FBI, Mary Ellen O´Toole über eine große Anzahl von Mordtaten, die man ihm bis zu diesem Zeitpunkt noch gar nicht nachweisen konnte. Die Profilerin verstand es hingegen durch psychologische Gesprächsführung seinen narzißtischen Selbstdarstellungsdrang anzusprechen um ihn somit zu entsprechenden Aussagen zu veranlassen, so daß er letztlich 48 Morde an jungen Frauen gestand und die Ermittler sogar zu den Fundstellen führte, wo er die Leichen abgelegt hatte.

Aufgrund von hirnorganischen Untersuchungen und verschiedenen Studien kam man zu dem Ergebnis, daß Personen deren Störungsbild das der antisozialen Persönlichkeit entspricht, ein erniedrigtes Niveau psychophysiologischer Erregbarkeit besitzen, welche sich darin bemerkbar macht, daß in Streßsituationen adäquate organische Reaktionen, wie Anstieg der Herzfrequenz, Blutdruck etc., ausbleiben. Dies läßt den Schluß zu, daß es sich bei dieser Art von Tötungsdelikten nicht um Affekttaten handelt, sondern diese Taten vielmehr geplant und mit einem großen Anteil von strategischem Denken und Handeln durchgeführt werden. Computertomographische Untersuchungen haben bei einem Großteil von Serienmördern und antisozialen Persönlichkeiten eine „deutliche Hirnrindenatrophie, also einen Zellenschwund in der Hirnrinde, sowie eine geringe Erweiterung der Hirnkammern"[12] nachgewiesen. Als Ursache hierfür werden intrauterale Schädigungen, Sauerstoffmangel während des Geburtsvorganges oder eine frühkindlich erworbene Hirnhautentzündung angenommen. Bei antisozialen Persönlichkeiten ist zudem die Steuerungsfähigkeit des psychisch-physischen

Apparates erheblich eingeschränkt. Darüber hinaus ist die Fähigkeit negative Konsequenzen von Handlungen hervorzusehen verringert, da diesen Personen, abgesehen von den ethisch-moralischen Defiziten, eine natürliche und angemessene Angstschwelle fehlt, was sich bei den Serienmördern vor allem während der Vertiefungs- und Wiederholungsphase in fataler Weise für die Opfer auswirkt. Die weiteren biologischen Gründe einer antisozialen Persönlichkeitsstörung liegen offensichtlich in Funktionsdefizite des Gehirns, vornehmlich im vorderen Kortex. So sind die Fähigkeiten zur Empathie, zu Schuldgefühlen, sowie die Steuerung von Triebbedürfnissen, oder diese in sozial verträgliche Formen zu kanalisieren, bzw. zu sublimieren, kaum vorhanden. Wie bereits erwähnt, wirkt sich auch das disparate Verhältnis von erhöhtem Testosteron- und erniedrigtem Serotoninspiegel auf die Entwicklung der Gesamtpersönlichkeit aus und führt häufig zu aggressivem Verhalten.

Vor dem Hintergrund derartiger schwerwiegender Charakterdeformationen im Sinne maligner-narzißtischer und antisozialer Persönlichkeitsstörungen und dem hohen Grad an Manipulationsvermögen dieser Täter, sowie unter Berücksichtigung dieser gewissermaßen zwanghaft auftretenden Beschleunigungsphasen, die letztendlich zu den Mordtaten führen, ist eine therapeutische Intervention nur schwer vorstellbar, wenn nicht sogar ausgeschlossen. Da diese Täter während ihrer frühkindlichen Biographie überwiegend negativen, d.h. unsicher vermeidenden und/oder unsicher ambivalenten Bindungserfahrungen ausgesetzt waren, fehlt ihnen somit auch eine wichtige Voraussetzung sich auf tragfähige therapeutische Beziehungen einzulassen und jene Vertrauensbasis aufzubauen, die von Seiten des Klienten eine unabdingbare Voraussetzung für das Gelingen der Therapie darstellt Die als unsicher qualifizierten Bindungsmuster von Seiten der elterlichen Bezugspersonen kommen gehäuft unter gewalt- und mißbrauchskontaminierten Erziehungs- und Sozialisationsbedingungen vor und in denen die Kinder jenen permanenten Streßsituationen ausgesetzt sind, die u.a. auch zu den bereits oben erwähnten neuronalen Veränderungen führen können. Dies bedeutet aber nicht, daß entsprechende therapeutische oder wie im Falle von, in diesem Kontext, schwergestörten Kindern und Jugendlichen frühzeitig investierte therapeutisch-pädagogische Programme ohne jeglichen Erfolg wären.[13] Sie aber am Ende der „Fahnenstange" einzusetzen, d.h. wenn die seriellen Mordtaten juristisch relevant geworden sind und in entsprechende Urteile münden, ist es mit an Sicherheit grenzender Wahrscheinlichkeit zu spät. Zu diesem Zeitpunkt ist der Zug der Veränderungsmöglichkeit bereits abgefahren. Bei allen wissenschaftlichen Erklärungsversuchen wird man letztlich nicht mit Sicherheit sagen können, weshalb jemand zum Serienmörder wird. Denn es gibt genügend Beispiele dafür, daß

Menschen mit derartigen psychischen und physischen Belastungen dennoch nicht zu Mördern und Vergewaltigern werden. Wenngleich Harbort in seinem Resümee feststellt, daß Serienmorde in unsere Zeit passen, da sich in ihren Mordtaten die seelischen und sozialen Probleme unserer hochtechnisierten und hochgezüchteten postmodernen Gesellschaft widerspiegeln, so mag dies ein Eingeständnis sein, das Ungeheuerliche zwar mit den Mitteln der Forensik und Psychologie erklären zu können, es aber mit unseren landläufigen Vorstellungen von Ethik und Moral nicht zu begreifen. Hier versagt auch die Vorstellung des „Absolut Bösen in der Welt", was es so nicht gibt. Das „Absolut Böse" verbindet sich letztlich immer mit handelnden Ereignissen oder Personen und ist insofern empirisch nachweisbar.

Der Serientäter Wolfram Schmitkke, der insgesamt 6 Tötungsdelikte und 2 versuchte Morde begangen hat und hierbei wie eine „Naturkatastrophe" über seine Opfer herfiel, wurde nach 14 Verhandlungstagen am 30. November 1992 vom Bezirksgericht Potsdam, welches auf verminderte Schuldfähigkeit befand, zu einer Gesamtfreiheitsstrafe von 15 Jahren und Unterbringung in einer geschlossenen Psychiatrie verurteilt. Der begutachtende Psychiater befand allerdings, daß eine Chance besteht, daß Schmitkke irgendwann in Freiheit kommen könnte. Reportern des „Stern" berichtete Schmitkke im November 1996 von seinen Therapieerfolgen: „Wenn ich heute eine Frau treffen würde, wüßte ich nicht, ob ich standhalten würde."[14]

Anmerkungen

1 Vgl. hierzu: Harbort, Stephan: Das Hannibal-Syndrom Phänomen Serienmord, München Zürich 2011, S. 20f und S. 251.

2 Ebenda S. 225

3 Ebenda

4 Ebenda:

5 Ebenda: S 227

6 Müller, Thomas: Bestie Mensch, Salzburg 2010

7 Harbort, Stephan: Das Hannibal-Syndrom Phänomen Serienmord, S. 227

8 Ebenda S. 227 f.

9 Ebenda: S. 228

10 Ebenda S. 229

11 Rohde-Dachser, Christa: Das Borderline-Syndrom, Bern 2000

12 Das möglicherweise ein Zusammenhang zwischen Stoffwechselstörungen und antisozialem Verhalten besteht, geht aus einer Studie aus dem Jahre 2002 hervor. Avchalom Caspi et.al. untersuchten in Neuseeland 442 männliche Erwachsene, von denen 154 in ihrer Kindheit sexuellen und/oder körperlichen Traumatisierungen durch ihre Bezugspersonen ausgesetzt waren. Hierbei wurde an den untersuchten Personen der Einfluß eines bestimmten Gens, welches die Hirnchemie beeinflußt, analysiert. Dieses Gen kommt sowohl in einer schwach-aktiven Variante, als auch in einer stark-aktiven Variante im menschlichen Organismus vor. Dieses Gen bestimmt das Niveau der Monoaminooxidase (MAO-O), welches die Neurotransmitter Serotonin, Dopamin und Norepinephrin (Noradrenalin) verstoffwechselt. 85% der Versuchspersonen, die traumatisiert waren und zudem die schach-aktive Variante des Gens aufwiesen, entwickelten Formen des antisozialen Verhaltens. Jene Untersuchungspersonen, welche die stark-aktive Variante aufwiesen wurden hingegen äußerst selten durch antisoziales Verhalten auffällig, unabhängig davon, ob sie als Kind traumatisiert wurden oder nicht.

13 In diesem Zusammenhang ist aus pädagogischer Sicht auf sogenannte Hoch-Risiko-Phantasien zu achten, die von sadistischen Inhalten geprägt sind und auf die Genese solcher oben beschriebenen seriellen Karrieren im späteren Jugend- und Erwachsenenalter hindeuten. Hierzu: Rossegger, Astrid; Endrass, Jerome; Borchard, Bernd: Sexuelle Hoch-Risiko-Fantasien: Grundlagen und Intervention.

14 Harbort, Stephan: Das Hannibal Syndrom Phänomen Serienmord, S.323

Die sieben Verlaufsphasen sind dem Buch von Stephan Harbort: Das Hannibal-Syndrom Phänomen Serienmord, München Zürich 2011, entnommen.

Literaturverzeichnis

Dulz Birger, Jensen Maren: Vom Trauma zur Aggression- von der Aggression zur Delinquenz Einige Überlegungen zu Borderline Störungen, in: Persönlichkeitsstörungen Theorie und Therapie, Heft 4/1997

Endress, Rosegger, Borchard: Sexuelle Hoch- Risiko- Phantasien: Grundlagen und Intervention, in: Interventionen bei Gewalt- und Sexualstraftätern 2012

Foerster, Manfred J.: Bindungstheorie und Persönlichkeitsstörungen bei Klienten der Straffälligenhilfe, in: DVJJ-Journal, Zeitschrift für Jugendkriminalrecht und Jugendhilfe, Heft 3/ 2002,

Derselbe: Zum Umgang mit Sexual- und Gewaltdelinquenten in der Straffälligenhilfe aus Sicht der Objektbeziehungs- und Bindungstheorie, in: Bewährungshilfe Soziales- Strafrecht- Kriminalpolitik, Heft 3, 2003

Ders.: Frühe Traumatisierungen und Delinquenz- der Täter als Opfer seiner Biographie Zur Wirklichkeit früher Traumatisierungen im Kontext der Straffälligenhilfe (Ursachen- Auswirkungen- Perspektiven) in: Neue Praxis Zeitschrift für Sozialarbeit, Sozialpädagogik und Sozialpolitik, Heft 4/2005

Kernberg Otto F. in: Hartmann/Kernberg: Narzissmus Grundlagen- Störungsbilder- Therapie, Stuttgart 2006

Harbort, Stephan: Das Hannibal- Syndrom Phänomen Serienmord, München Zürich 2011

Kernberg, Otto F.: Borderline –Störungen und pathologischer Narzißmus, Frankfurt/Main 1995

Kröber, Hans-Ludwig: Strafrechtliche Begutachtung von Persönlichkeitsstörungen, in Persönlichkeitsstörungen Theorie und Therapie Heft 4/1997

Müller, Thomas: Bestie Mensch, Salzburg 2010

Rohde- Dachser, Christa: Das Borderline- Syndrom, Bern 2000

Rossegger, Astrid; Endrass, Jerome; Borchard, Bernd: Interventionen bei Gewalt- und Sexualstraftätern, 2012

Rutrecht Monika, Jagsch Reinhold, Kryspin-Exner Ilse: Bindungsstile bei Sexualstraftätern Zusammenhang mit Aggression und Ängstlichkeit, Frankfurt/Main 2002

Urbaniok, Franz: Persönlichkeitstäter, Situationstäter und Prognostische Syndrome für Risikobeurteilungen und Risikomanagement, in: Interventionen und Therapie bei Gewalt- und Sexualtätern, Hrg. Endress, Rosegger ua.

Dr. phil. Manfred J. Foerster ist als Lehrbeauftragter an der Johannes-Gutenberg-Universität Mainz im Fachbereich Erziehungswissenschaft sowie an der Hessischen Justizvollzugsschule Wiesbaden tätig, mit den Schwerpunkten: Frühkindliche Bindungserfahrungen und Sozialisation, Ursachen und Auswirkungen von Persönlichkeitsstörungen, sowie Persönlichkeitsprofile antisozialer Straftäter.

VII. Eugen Drewermanns analytische Rezeption der Borderline-Persönlichkeitsstörung- oder Weg zur Selbstheilung

In konsequenter Anlehnung an die tiefenpsychologische Position C. G. Jungs läßt Eugen Drewermann bei seinen Interpretationen von Märchen und Mythen deren Symbolik und Figuren als innere Anteile der menschlichen Psyche erscheinen und verlagert die innerseelische Konfliktverarbeitung auf die Ebene archetypischer Aussagen, denen Heilungskompetenz unterstellt wird. Seine zahlreichen Märchendeutungen, die er auf den Grundlagen der Psychoanalyse Freuds und der Archetypenlehre des Schweizers C. G. Jung als psychologische Diagnosen interpretiert, sind in sprachlicher Hinsicht wahre Kunstwerke der Literatur. Die handelnden Personen und die Symbolik der Erzählungen treten als Spiegelbilder spezifischer menschlicher Probleme auf, die Drewermann als seelische Gebrechen der Zeit deutet. Damit folgt er im Grundsätzlichen einer tiefenpsychologischen Tradition, wie sie bereits Bruno Bettelheim in seinem Buch *Kinder brauchen Märchen* auf die Entwicklungsprobleme von Kindern bezogen, und wie die Jungsche Schule sie als vorzugsweise Methode der Übertragung archetypischer Symbolik auf allgemeine psychische Konflikte der Individuation von je her angewendet hat.[1] Diese Deutungsmethode weitet Drewermann auch auf die Textinterpretationen biblischer Heilungsgeschichten aus, oder genauer gesagt, er benutzt sie als Erzählvorlagen, um an diesen Beispielen die Notwendigkeit tiefenpsychologischer Analyse menschlichen Leidens darzustellen, welches er auf eine existentielle Voraussetzung zurückführt. Am Beispiel des Besessenen von Gerasa aus der Markinischen Heilsgeschichte[2], exemplifiziert Drewermann seine tiefenpsychologische Erkenntnismethode, seelische Erkrankungen der Zeitepoche auf eine Grundursache zurückzuführen und indem er sich auf archetypische Figurationen bezieht, einer Heilung zuzuführen. Hierbei werden die vielfältigen Ursachen psychischer Erkrankungen auf ein Grundübel zurückgeführt, nämlich das der Entfremdung des Menschen von Gott und schließlich von sich selbst, was zu einer Art von Daseinsangst führt, der nur durch einen tiefenpsychologischen Rekurs auf die eigenen inneren Bilder begegnet werden kann. Dem Besessenen wird wortreich unterstellt, daß er gleich einem lebendigen Toten sein Dasein bei den Gräbern fristet und dessen Leben ein Bild der „Daseinszerstörung" sei. Was ihn quäle, sei die „Hölle der Freiheit". Da er alle, die ihm helfen wollen, als „Freiheitsberäuber, Kettenbringer und Zwingherren" empfinde, könne ihm von außen keine Hilfe zuteilwerden.

Nur durch die Einfühlung in sein Innerstes lassen sich seine psychischen Nöte erschließen, die im Grunde nichts anderes sind, als Selbsthaß, Minderwertigkeitsgefühle, Flucht vor dem eigenen Selbst und die Angst vor der Meinung und Nähe anderer. Allesamt psychische Phänomen, die uns kaum fremd sind. Selbst Jesus, der sich ihm Hilfe anbietend nähert, wird von ihm abgewiesen und als Bedrohung erlebt und erst als er ihn nach seinem Namen fragt, läßt dieser mit sich reden. Obgleich er lautstark auf seine Leiden aufmerksam macht, indem er mit den „Ketten" seiner psychischen Unfreiheit im sprichwörtlichen Sinn rasselt, verweigert er jegliche Unterstützung durch andere. Einem psychologisch Geschulten ist dieses gesamte Ensemble ambivalenten Verhaltens nicht unbekannt. Weist es doch in seiner scheinbaren Absurdität auf eine schwerwiegende Persönlichkeitsstörung des Besessenen hin, die eine zeitgemäße Psychotherapie als Borderline-Störung diagnostizieren würde und bei der eine fragile Ich-Struktur und eine tiefe Angst vor Nähe gewissermaßen zum Krankheitsbild gehört, Hilfe zu verweigern, obgleich der Leidensdruck unendlich groß ist. Die typische Symptomatik einer Borderline- Persönlichkeitsstörung zeigt sich gleichermaßen in einem verletzlichen Selbstbild und einer tiefen Beziehungsstörung der Betroffenen. Die Ursachen dieser Persönlichkeitsstörung liegen nach Erkenntnissen ausgewiesener Experten und Therapeuten zumeist in der frühen Kindheit der Betroffenen, respektive in deren familiären Umfeld. In diesem sind sie oftmals psychischen und physischen Traumatisierungen ausgesetzt worden, die nicht nur zu der Borderline- Persönlichkeits- Störung beigetragen haben, sondern auch die Ursache für die oben genannte Fragilität der Ich-Struktur und der grundlegenden Angst vor Nähe sind.

Drewermann scheint dieses Krankheitsbild auch zu vermuten, da er ihm unterstellt, kein Ich zu besitzen, mit dem man reden könnte, um überhaupt helfend vorzugehen. Vielmehr ist sein Ich ein Haufen von Komplexen, die allesamt aus seinen biographischen Erfahrungen herrühren, seinen Minderwertigkeitskomplexen, die oralen Schuldgefühle, der Vaterhaß und die, so Drewermann, kleinliche Sehnsucht nach Geborgenheit. Auch die mangelnde Ich-Struktur, die Drewermann nicht übersieht, ist ein Merkmal dieser Persönlichkeitsstörung und macht es für Außenstehende so schwierig, Hilfe anzubieten. Hierbei handelt es sich um eine, gewiß unvollständige Aufzählung typischer Symptome einer Borderline-Persönlichkeitsstörung. Bei allem erdenklichen Leidensdruck, den eine solche seelische Erkrankung bei dem Betroffenen auslöst, hindert ihn dennoch seine sprichwörtliche Angst vor Nähe, nach Hilfe Ausschau zu halten und sie anzunehmen. Die Borderline-Erkrankung gehört mit zu den schwersten Formen einer Persönlichkeitsstörung und ist unter der

Gesamtbevölkerung in einer vergleichsweise geringen Häufigkeit von ca. 3,8% anzutreffen.[3] Wenn wir die Perikope von dem Besessenen von Gerasa auf die Gegenwart übertragen, und dies ist offensichtlich Drewermanns Absicht, handelt es sich allem Anschein nach um eine bedauernswerte Person, deren Krankheitsbild zu den Ausnahmeerscheinungen seelischer Störungen zählt und bei weitem nicht als allgemeines Phänomen auftritt und infolgedessen sich im eigentlichen Sinn nicht so recht anbieten würde, ein derartiges, exklusives Störungsbild auf die gesamte Menschheit zu übertragen, oder gar als typisches Leiden der Menschen in der Postmoderne zu diagnostizieren.

Drewermanns tiefenpsychologische Interpretation der Heilsgeschichte gehört zweifelsohne zu den sprachlichen Glanzstücken seines umfangreichen Repertoires. Trotz aller diagnostischen Schwächen gelingt es ihm, die bizarre Handlung dieser Heilsgeschichte, an deren Sinndeutung sich mitunter die Theologen schwer getan haben, in einem überzeugenden Zusammenhang zu stellen, der jeden, welcher einem ähnlichen Schicksal ausgeliefert ist hoffen läßt, einem Helfer zu begegnen, der sich seinem, wie auch immer gearteten Leiden in der gleichen Weise annimmt und ihm Hilfe zuteilwerden läßt. Umgekehrt kann er selbst versuchen, anderen Gequälten und sich selbst ein einfühlsamer „Helfer" zu werden,[4] woran ein unkundiger Laie vermutlich scheitern würde, da ihm die Voraussetzungen fehlen, die Drewermann zufolge gegeben sein müssen, um die seelischen Bilder einfühlsam „nachzuträumen". Und genau an diesem Punkt stößt die Textauslegung an ihre Grenzen, wenn sie als Rezept zur tiefenpsychologischen Selbstheilung gedacht ist. Drewermanns Rezeption der Heilsgeschichte erweist sich nicht nur in psychologischer Hinsicht als problematisch und undifferenziert, sondern sie suggeriert ein quasitherapeutisches Rezept für den alltäglichen Hausgebrauch zu sein. Abgesehen davon, wenn wir es wirklich mit einem Menschen zu tun hätten, der an einer Borderline- Persönlichkeitsstörung leidet, so wäre der therapeutische Weg in die eigenen Seelenbilder geradezu ein „Holzweg" und in therapeutischer Hinsicht kontraindikativ. Andererseits vermittelt die Art der Drewermannschen Darstellung den Eindruck, daß das spezifische Leiden des Besessenen in Einklang mit den vielfältigen Konflikten und psychischen Leiden der gesamten modernen Menschheit steht. Durch seine überzeugende Darstellungsgabe und innere Geschlossenheit, sowie einer quasi tiefenpsychologischen Deutungskunst, dem Individuum auch da noch eine innere Zerrissenheit nachzuweisen, wo diese als Leidenszustand nicht empfunden wird, könnte es durchaus geschehen, daß sich der Mensch in postmodernen Zeiten in der bemitleidenswerten Gestalt des Besessenen wiederfindet. Und dies scheint auch beabsichtigt zu sein, denn den symbolhaften Text der Gerasener Heilsgeschichte deutet Drewermann so um, daß in ihm ein allgemein menschliches Problem sichtbar wird. Die an „schizoid-paranoische Zustände" gemahnende Verfolgungsangst des Besessenen, so Drewermann, weise auf ein grundsätzliches menschliches Problem hin, dass der Daseinszerrissenheit des modernen Menschen inmitten der existentiellen Spannung von Angst vor sich selbst und den anderen und der ständigen Suche nach Vertrauen und Daseinsgeborgenheit. Ohne nähere Begründung parallelisiert er das Leiden des Besessenen mit den vielfältigen Leiden der Menschen in der heutigen Zeit, wenn er konstatiert: „wie furchtbar hat der Besessene von Gerasa gelitten",[5] und sogleich in die Gegenwart übertragen, „wie furchtbar leiden Menschen auch heute noch unter der Qual ihrer Seelenzerrissenheit." Deren Ursachen, so scheint es, liegen in der zunehmenden Entfremdung des Menschen von sich selber inmitten einer komplexen Umwelt und von Gott, sowie in der Fragmentierung seiner sozialen Bezüge, oder anders formuliert, in der narzißtischen Vereinsamung des einzelnen in einer verdinglichten Welt. Das Leiden des Besessenen und das Leiden der Menschheit sind eins.

Mit dieser undifferenzierten Gleichsetzung, ohne Rücksicht darauf halbwegs gelungenen diagnostischen Kriterien zu genügen, hat Drewermann aus einer historischen Erzählung eine Metapher konstruiert, mit der er die komplexen Leiden der Menschen in der Postmoderne auf einen gemeinsamen Nenner bringt. Indem er die psychischen Impressionen der Leiden der Menschen mit der archetypischen Symbolik der Tiefenpsychologie C. G. Jungs verbindet und auf das Ergebnis von Lebensangst und Ich-Entfremdung bringt, unterliegen alle weiteren psychologischen Aussagen dieser monokausalen Deutung. Infolgedessen scheint es auch unerheblich zu sein, auf welche konkreten biographischen Ursachen solche Formen von Seelenzerrissenheit und innerer Verwüstung zurückgehen. Der Weg, welcher in die innere Wüstenei führt um Ordnung und Lebenssinn wiederzuentdecken, geschieht Drewermann zufolge, durch nachträumen und Einfühlung in die inneren Bilder der Seele. So wie Gott nur in der inneren Auseinandersetzung erfahrbar wird, so werden auch die psychischen Leiden in der unmittelbaren Begegnung mit den inneren Bildern einer Heilung entgegengeführt. Sowohl bei C. G. Jung, als auch bei Drewermann, werden die psychologischen Phänomene und seelischen Krankheitsbilder somit einer finalen Deutung unterzogen, welche sich an archetypische Impressionen orientiert und in ihrer Wirkungsmächtigkeit im Individuum selbst verbleiben.

Drewermanns psychologische Position und Argumentationsweise ist unter Fachleuten auf dem Gebiet der Psychologie und Psychotherapie noch umstrittener als seine theologische Position, die hier nur soweit von Interesse ist, da sie sich auf einer ähnlichen archetypischen Gleichung bewegt, wie die Carl Gustav Jungs. Seine Deutungsmethode hat ihm von Seiten der Psychologie den Vorwurf eingebracht, daß er die psychischen Phänomene theologisiere, wodurch sie unscharf werden und sich einer differenzierteren Diagnostik entziehen. Außerdem ist die Frage zu stellen, ob sein Programm der „Erlösung" von der Angst nicht einem fragwürdigen Ideal anhängt. Wäre es nicht sinnvoller und realistischer in Kenntnis der Krankheitsdynamik und den Grenzen, die diese setzt, Menschen zu helfen, mit ihrer Angst zu leben. Wir wissen inzwischen, die Borderline- Persönlichkeitsstörung nicht heilbar ist, da die Ursachen nicht beseitigt werden können. Sie sind nun einmal unwiderruflich geschehen. Aber die Krankheit ist durchaus sehr gut therapierbar, so daß der Patient lernt, mit ihren Symptomen so umzugehen, so daß er im psychischen und physischen Gleichgewicht bleiben kann. Wenn schon Drewermann als theoretische Ausgangsbasis seines Therapiekonzeptes das Bild einer Borderline-Erkrankung wählt und deren spezifische Eigenheiten nicht berücksichtigt, ließe sich einwenden, daß gerade bei diesen Patienten die Angst ein fundamentales Problem darstellt und es bestenfalls gelingen kann, sie für die Betroffenen beherrschbar zu machen, damit sie von ihr nicht, wie üblich, überwältigt werden. Alles weitere würde wenig zu einer Realitätsbewältigung dieser Patienten beitragen und das Therapieziel in sich unwirklich erscheinen lassen, da es ohnehin kaum zu erreichen ist und schon an der mangelnden Ich-Struktur des Patienten scheitert. Hält man jedoch, wie Drewermann insistiert, um jeden Preis daran fest, dann wäre eine solche Vorgehensweise eher kontraindikativ als dem Krankheitsbild angemessen. Theologen, und insbesondere die historisch-kritische Exegese werfen ihm vor, theologische Grundpositionen durch eine überzogene Psychologisierung zu verwässern. Demgegenüber wendet Drewermann ein, daß alleine die textpragmatisch sensibilisierte Exegese in sich bereits psychologische Gesichtspunkte einbezieht und therapeutische Wirkungsmöglichkeiten entfaltet. Ob jedoch Texte, die unter konkreten historischen Umständen und Bedingungen und durch die Erzählkunst bestimmter historischer Personen entstanden sind, sich überhaupt dazu eignen psychische Probleme der Gegenwart in therapeutischer Hinsicht abzubilden, mag mehr als umstritten sein, da sie in der Regel „viel zu wenige und unsichere Daten für eine derartige Auswertung bieten" .[6] Insbesondere gilt dieser kritische Einwand für die Versuche Drewermanns psychoanalytischer oder gar „pathographischer" Interpretationen, wie er sie in Bezug auf biblische Gestalten anwendet und auf psychischen Erkrankungen der heutigen Zeit in einer modernen Gesellschaft übertragen möchte. Außerdem liegen die Ansätze der Psychologie zur Erforschung menschlicher Wahrnehmungen und Verhaltensweisen in biblischen Texten noch zu sehr in ihren Anfängen, als daß sich differenzierte diagnostische Erkenntnisse ableiten ließen.[7] Neben diesen aus Sicht der Exegeten hervorgebrachten Einwänden, werden ihm große Defizite in der Kenntnis der psychologischen Fachliteratur nachgewiesen. In Unkenntnis der psychoanalytischen Diskussion nach Freud wechsele er in seinen Deutungen zwischen dem subjektalen Bezug der Jungschen Tiefenpsychologie und der objektalen Deutungsebene der Psychoanalyse ohne die tiefgreifenden Unterschiede, die beide Schulen voneinander unterscheiden, zu berücksichtigen. [8] Wie sehr Drewermanns Diagnostik psychischer Leiden, die er durch Rekurs in die inneren Bilder und der Symbolik des Traumes und der Mythen erschließen möchte, seiner eigenen Subjektivität verhaftet bleibt, zeigt sich in der vornehmlichen Anwendung der subjektalen Deutungsmethode C. G. Jungs. Jungs subjektales Deutungsmuster geht davon aus, daß jene Impressionen, die wir in anderen Menschen, Bildern und Symbolen zu erkennen glauben, immer auch Bestandteile der eigenen Psyche sind. Dies mag in Bezug auf uns selbst unbestritten sein, da die Deutungen unseren subjektiven Empfindungen- welche wir mit dem Bild oder Symbol verbinden- unterliegen und möglicherweise den jeweiligen Gemütszustand widerspiegeln. Ob aber gleichermaßen auch der Zustand des anderen in dem Bild oder in dem Symbol kongruent erscheint, ist mehr als fraglich, da wir in unserer eigenen Position hermeneutisch befangen sind. Vielmehr sind wir selbst Teil des Erkenntnisvorganges und deuten uns gewissermaßen selber in die Bilder hinein. Daraus folgt, daß jeglicher subjektale Deutungsvorgang immer nur eine Momentaufnahme in einer spezifischen psychischen oder sozialen Situation sein kann und infolgedessen sich einer Verallgemeinerung widersetzt und möglicherweise mehr mit uns selbst zu tun hat, als mit demjenigen, dessen Leiden wir deutend erfassen möchten. Indem aber Drewermann beide Deutungsmethoden, die subjektale und die objektale allzu leichtfertig kombiniert, einmal mit Jung interpretiert und das andere Mal Freud bemüht, bleiben seine Schlußfolgerungen in therapeutischer und diagnostischer Hinsicht seltsam schwebend und unangreifbar. Unter dem Anspruch seines mythisch-religiösen Denkens, welches er auch auf psychische Themen anwendet, werden die spezifischen Begrenztheiten beider Tiefenpsychologien geradezu aufgehoben. [9]

Religiöses Erkennen und der Umgang mit biblischen Texten ist für Drewermann nur denkbar, wenn sie in die Traumbilder tiefenpsychologischer Erschließung hinabsteigen und Psychotherapie bedarf daher in seinen Augen immer der Auseinandersetzung mit der grundsätzlichen Daseinsangst, die durch die permanente Entfremdung des Menschen von Gott herrührt und durch die historisch-kritische Exegese der Glaubensbotschaften hervorgerufen wurde. Was Drewermann in seiner psychotherapeutischen Konzeption übersieht, ist, das der Ort der Psychotherapie in der unmittelbaren Auseinandersetzung mit den wirklichen Ursachen der psychischen Leiden liegt und deren Aufdeckung thematisiert werden muß und nicht in der Verlagerung auf eine abstrakte Quelle, die er als Ursprung der Leiden ansieht. Die Aufgabe des Therapeuten besteht darin, dem Patienten bei der Suche nach der Quelle seiner Leiden behilflich zu sein, da diesem die Quellen seiner Leiden nicht bewußt sind und bereits in dieser Unbewußtheit seine psychische Problematik, oder genauer gesagt, die Ursache seiner psychischen Störungen liegt. Der Therapeut soll den Patienten auf diesem Weg in sein Inneres mitnehmen, obgleich er aufgrund seines Fachwissen über die größere Autorität verfügt, die ihn jedoch nicht dazu bringen darf, sich über den Patienten zu erheben. Gegen eine bildhafte intuitive Erschließung innerseelischer Vorgänge wäre an sich nichts einzuwenden, wenn sie nicht als ausschließlichen Zugang zu den seelischen Gebrechen betrachtet würde. Abgesehen davon, daß intuitive, bildhafte Imaginationen innerhalb einer spezifischen Borderline Therapie nur sehr vorsichtig und in einem bestimmten Kontext eingebracht werden dürfen, nämlich dann, wenn der Patient über die notwendige Ich-Stabilität verfügt und die Gefahr einer Dissoziation ausgeschlossen werden kann. Drewermann erhebt sie hingegen zu einem universellen Instrumentarium, dessen Anwendung monokausal auf eine Ursache bezogen wird. Getrieben von dem Gedanken, Theologie und Psychologie miteinander zu verbinden, sieht er alles Leiden in einem Gottesverständnis begründet, welches die historisch-kritische Exegese und die sogenannten, seelenfernen „Kanzeltheologen" immer mehr von den Gläubigen entfernt haben und was somit zu ihrer Daseinsangst führte. Erst durch die Hinwendung des Menschen zu seinen inneren Bildern, die Drewermann zufolge sein eigentliches Gottesverständnis ausdrücken, kann er diese Daseinsangst überwinden und zu seiner seelischen „Heilung" finden.

Drewermanns Sprache, mit der er biblische Texte einer tiefenpsychologischen Deutung unterzieht, um sie therapeutisch nutzbar zu machen, ist durchsetzt von dem Gegensatzpaar Angst und Vertrauen, das wie ein roter Faden seine Schriften durchzieht. Diese unspezifische Angst, die er stets anführt und die das Individuum mittels eines einfühlenden Vertrauens zu überwinden hofft, wenn es seiner Rezeptur folgt, wird von ihm in völliger Ignoranz differentialdiagnostischer Erkenntnisse auf alle möglichen seelische Konfliktfelder des menschlichen Daseins übertragen. Deren heilende Aufarbeitung, die im wahrsten Sinne des Wortes, bis zum Grunde der Probleme gehen soll, wird zum Maßstab von Theologie und Therapie erhoben, wozu ihm der Kreuzestod Jesu als therapeutische Chiffre dient und die er in seinem Verständnis wie folgt formuliert: „Nur im Sinne einer solchen therapeutischen Durcharbeitung der schwersten Angst- und Schuldgefühle, die ein Mensch durchleben kann: der Urangst und des Urprotestes, unberechtigt und ungeliebt auf Erden sein zu müssen, versteht man den paradoxen menschlichen Sinn der zahlreichen Worte und Hinweise im Markus-Evangelium auf die Notwendigkeit des Leides, auf die Unerläßlichkeit des Kreuzes (Mk. 8,34.35) und auf die Auferstehung aus dem Reich des Todes [...]. *Im Erlösenden Sinne,* als eine *therapeutische Chiffre,* bedeutet gerade der Kreuzestod Jesu, daß es sich nicht lohnt, vor Menschen Angst zu haben, weil es nicht länger mehr nötig ist, vor Gott sich zu fürchten. Es war und ist gerade dieser Glaube Jesu, der sich in allen seinen Worten und Begegnungen mit Menschen aussprach und der sich in seinem Tode bestätigte: wir Menschen können machen, was wir wollen, und wir können getan haben, was wir wollen- das erste und wichtigste Wort Gottes über alle menschliche Angst und Schuld wird ein Wort des Verstehens und ein Wort der Vergebung sein. Eben weil dies zunächst allem widerspricht, was wir im Alltag uns angewöhnt haben zu lernen und zu befolgen, erzeugt die Überzeugung Jesu zunächst einen ungeheuren Widerstand; aber bei diesem Widerstand werden auch all die unterdrückten Gefühle aus der Tiefe an die Oberfläche gespült, bis das Wasser sich reinigt und durchsichtig wird bis zum Grund."[10] Die suggestive Kraft dieser Worte, welche sich gleichermaßen einem rationalen Zugriff durch ihre epische Breite und poetischen Ausdrucksform entziehen, ist beträchtlich und deren Wirkung ist weitaus stärker als ihre sachliche Botschaft. Das therapeutische Fazit, welches hieraus zu ziehen wäre, könnte lauten, alleine das biblische Textvorbild des Kreuzestodes Jesu verfehlt seine heilende Wirkung dann nicht, wenn wir uns der Deutung seines Autors anschließen, vorausgesetzt wir werden uns unserer inneren Impressionen in ähnlicher Weise bewußt.

Drewermanns Therapieverständnis basiert auf das Phänomen schamanischer Heilung, die für ihn als das Maß allen Verstehens gilt. So verweist er darauf, daß ein „einziger Blick auf das Leben eines wirklichen Wunderheilers außerhalb des europäischen Kulturkreises zeigen (kann), wie die Wunder der Heilung zu verstehen sind [...]."[11] Abgesehen davon, daß es fragwürdig erscheint, derartige Heilsformen, die aus gänzlich anderen Kulturkreisen

146

herrühren und insofern auf unspezifischen psychosomatischen Störungsbildern des jeweiligen Kulturkreises ausgerichtet sind, in einem Atemzug mit den Methoden moderner Psychotherapie gleichzusetzen, bzw. sie als therapeutisches Paradigma anzubieten, übersieht seine These den klinischen Gewinn einer Differentialdiagnostik in Bezug auf die unterschiedlichen Entstehungsursachen   psychischer Erkrankungen. Die schamanische Heilsweise ist eine Einbahnstraße, in welcher der Schamane die Geschwindigkeit vorgibt, da er gewissermaßen mit dem Leiden des Patienten verschmilzt. Moderne Psychotherapie, nicht nur in Zeiten der Postmoderne, sondern bereits in ihren Ursprüngen bei Sigmund Freud und seinem Kreis der Psychoanalytiker im Wien des 19. Jahrhunderts geht demgegenüber von einer interaktiven Beziehung zwischen Therapeut und Klient aus.

Drewermanns bildhafte, eigentümliche Sprache, derer er sich bedient, soll auf die Menschen heilend wirken und in Korrespondenz zur biblischen Rede vom „Heil" praktische psychologische Lebenshilfe im Sinne einer Selbstheilung bieten. Entgegen dem psychoanalytischen Therapieverständnis kommt bei Drewermann jedoch nicht die heilende Wirkung vom Wort, bzw. durch den therapeutischen Diskurs zwischen Klient und Therapeut zustande, sondern durch die inneren Bilder, die nach seiner Überzeugung in jedem Menschen schlummern, da sie vererbte Symbole der Menschheitsgeschichte sind. Von Kritikern, wie beispielsweise Keinzel, Tenzler u. a. wird dagegen zu Recht bezweifelt, ob diese inneren Bilder, die Drewermann als Leithilfen zur seelischen Gesundung bemüht, tatsächlich angeboren sind, wie von C. G. Jung behauptet, oder ob sie nicht vielmehr durch Erziehung und Sozialisation übernommene internalisierte Restitute früher Objektbeziehungen sind. Also nicht, wie Jung angenommen hat, ererbte Ahnungen und Bilder, sondern durch kulturelle Einflüsse übernommene bildhafte Vorstellungen konkreter Beziehungserfahrungen, die vor allem in den frühen Lebensjahren eines Menschen stattgefunden haben. Wenn es sich aber um erworbene Bilder aus der Lebensgeschichte eines Menschen handelt, wie zu Recht angenommen wird, so ist eine Aufarbeitung der hiermit verbundenen Leidensursachen im klassischen therapeutischen Dreischritt: Erinnern, Wiederholen und Durcharbeiten, der geeignete Weg, die Quellen der Leiden aufzudecken. [12] In der Regel findet ein solcher therapeutischer Prozeß vorrangig als sprachlicher Diskurs statt, vor allem dann, wenn die Ich-Struktur des Patienten noch nicht gefestigt erscheint. Bildhafte Deutungen oder die imaginären Auseinandersetzungen mit den inneren Bildern von Träumen und archetypischen Grundmustern wären, wenn überhaupt, lediglich zusätzliche Instrumentarien und nicht die Methoden sui Generis und schon gar nicht bei Borderline- Patienten. Gerade Borderline –

Patienten beginnen eine Therapie, Rohde – Dachser zufolge, in einem Zustand pathologischer Regression. Da die therapeutische Beziehung, wo immer sie auch stattfindet, von intensiver Nähe gekennzeichnet ist, würde ein empathisches und deutendes Verstehen diese Regression verstärken. Dies liegt daran, daß das infantile seelische Material archaischer frühkindlicher Konflikte nicht im Sinne eines gesunden Abwehrprozesses verdrängt ist, sondern allenfalls abgespalten an der Bewußtseinsoberfläche „ruht", also latent als Konfliktmaterial jederzeit virulent werden kann, und durch bestimmte Stimuli, wie etwa Deutungen und Nachträumen abgerufen werden kann und regressiv reinszeniert wird. Die Borderline- typische Pathologie liegt eben darin, Verdrängungsprozesse, wie sie dem idealen Neurotiker noch zur Verfügung stehen, nicht leisten zu können, um frühkindliche Konfliktinhalte zu integrieren. Dieses korrespondiert mit der Schwäche des Ichs, traumatisierende Ereignisse, wie sie während der frühkindlichen Entwicklung erlebt worden sind, zu assimilieren. So schwächt jedes therapeutische Setting, daß durch mangelnde Strukturierung, freies Assoziieren und imaginäres Deuten die ohne hin geringen gesunden Abwehrmechanismen des Patienten und verstärkt den regressiven Sog (Rohde- Dachser) und zwar lange bevor ein starkes Ich entwickelt ist, welches ermöglicht, die andrängenden und bedrohlichen Inhalte adäquat zu integrieren.

Den Weg zu den inneren Bildern, welche im Traumgeschehen in Erscheinung treten, bereitet Drewermann durch eine, gelegentlich ins Beschwörende, gesteigerte Darstellungsform vor. Seine suggestive und poetische Sprache, mit der er seine Deutungskunst präsentiert, leidende Selbstbetroffenheit vorgebend und mit einem seltsam monotonem Sound daher kommend, zieht den Leser oder Hörer unwillkürlich in seinen Bann und spricht vor allem dessen emotionale Seite an. Diese Darstellungsform entzieht sich einer rationalen Auseinandersetzung und macht verständlich, weshalb sich sein Zuhörerkreis so sehr von ihm gefangen nimmt und einer enormen Faszination erliegt. Dem Leser oder Hörer soll, in Analogie zur schamanischen Heilungsweise, „die Fähigkeit eines emotionalen, traumnahen Verstehens" vermittelt werden, das nach seiner Überzeugung den therapeutischen Prozeß in Gang setzt.[13] Mitunter gerät sein Stil, der offensichtlich eine emotionale Reaktion des Lesers oder Hörers vordergründig in Betracht zieht, ins „Kitschige".[14] Die affektiv stark besetzten Bilder, die er seinen traumhaften, gleichnishaften Texten unterlegt, sollen die therapeutischen Dimensionen seiner Deutungen aufzeigen. Die Mittel zur Interpretation sieht Drewermann vor allem in denjenigen psychischen Kräften, „die vom Verdikt des neuzeitlichen Objektivitätsideals" am meisten betroffen sind: „die Fähigkeit eines traumnahen, bildernden und bildhaften Verstehens der Symbolsprache der wesenhaft *dichterischen* Aussageform der Mythen, Märchen, Legenden etc., sowie die Kunst, die einzelnen Erzählinhalte auf die *Gefühlsbedeutungen* für die verschiedenen Akteure in den Erzählungen selber zu befragen".[15] Indes gilt es zu bedenken, daß seine Auslegungsmethode und sein Sprachstil auf seine eigene Person und seinen Bildungsgang zugeschnitten sind was es anderen oftmals schwer macht, ihm inhaltlich oder gar einfühlend zu folgen. Und hier legt Drewermann die Meßlatte einfühlenden Verstehens sehr hoch an. Die von ihm genannten Voraussetzungen der Praxis tiefenpsychologischen Verstehens von Texten und psychischen Phänomenen, sind: „Gründliche Kenntnisse der verschiedenen tiefenpsychologischen Schulen und ihrer Auslegungsverfahren [...], ein gewisses Maß an Introspektionsfähigkeit, Sensibilität und Einfühlungsvermögen, sowie die Fähigkeit, dichterische Gestalten, Figuren des Traumes, für ebenso wirklich zu nehmen wie Personen und Eindrücke der äußeren Realität".[16] Angesichts solcher Anforderungen kann eigentlich nur erwartet werden, daß der Leser sich vor der Gelehrsamkeit des Autors verneigt und auf jedwede eigenen Versuche verzichtet und zum Bewunderer wird, der den Gedankenwelten seines Magisters anhängt, welcher ihn zum selbständigen Verstehen anleiten wollte und der auf diese Weise jedoch zum Magier einer egozentrierten Heilslehre wird.[17] Zur Selbsthilfe, wie Drewermann seine Texte verstanden wissen will, sind vermutlich unter diesen Bedingungen nur die wenigsten fähig. Alleine die sprachliche und intellektuelle Aufbereitung, mit der er seine textlichen Interpretationen vorträgt verhindert in der Regel, die Hörer oder Leser zu selbständigen Deutungen anzuregen. Im Kontext seiner Interpretationskunst wird ethnologisches, literarisches und religionswissenschaftliches Material bemüht, mit der Drewermann seine Deutungsbilder expressionistisch einfärbt, wobei vermutlich den meisten seiner Zuhörer spätestens hier der Mut verläßt, eigene Interpretationen zu entwickeln, die sich auf die eigene psychische Problematik beziehen lassen. Damit verfehlen sie aber die beabsichtigte therapeutische Wirkung, zu der sie der Autor verstanden wissen wollte. Die rhetorisch brillante Darbietungsweise einer derartig überbordenden Materialfülle verstärkt vielmehr den Eindruck der Kompetenz des Interpreten, als daß sie eine wirkliche Hilfe für die betroffenen Menschen sein kann. Im Kontext eines solchen therapeutischen Konzeptes erfüllen sie allenfalls die Funktion eines schamanenhaften Instrumentariums, welches eine aktive Mitwirkung des Patienten an seinem Heilungsprozeß verhindert. Einer der schärfsten Kritiker Drewermanns, der Theologe Jörg Frey hat zu dem gewollten oder unbeabsichtigten Charisma, welches die Zuhörer überwältigt, bemerkt: „Wer so endlos und überfließend von indianischen Mythen und ägyptischen Gottheiten, von psychoanalytischen Theorien und literarischen Werken zu sagen weiß und dies alles auch noch zu einem alles umgreifenden und zugleich unauslotbar tiefsinnigen Ganzen zusammenfügen kann, der bindet sich sein Auditorium gleichsam an seine Lippen, so daß es die Fülle der vorgetragenen Deutungen dann weniger in kritisch-prüfender Distanz als vielmehr in gebanntem Staunen wahrnimmt".[18] Entweder rufen Drewermanns weitschweifige Deutungen einen heftigen Widerwillen hervor, da unter aller schimmernden Faszination, ein apodiktisches und entmündigendes Element zu spüren ist, oder aber seine ins Esoterische gewendete Psychologie trifft auf eine breite Schar ergebener Jünger. Seine poetische und bisweilen beschwörende Sprache erweckt den Eindruck, daß neben aller Absicht, das Unaussprechliche der menschlichen Seele hervorzurufen, sie auch dazu dient, Eindeutigkeiten zu vermeiden, was in einem therapeutischen Kontext die Vermeidung klarer Diagnosen bedeutet. Jenseits allen Staunens aber bleibt für die meisten seiner Anhängerschaft und therapeutisch weniger Kundigen nur der Konsum seiner Vorträge, Bücher und Kassetten mit denen sie alleine gelassen werden und die nichts anderes sind als unzureichende Hilfen zur Selbsthilfe auf literarisch hohem Niveau. Der Leser oder Hörer fühlt sich unter dem Einfluß seiner expressiven Wortgemälde „wie vor einer Ikonostase oder einem spätmittelalterlichen Altar, in ein sprachlich bewegtes und doch zeitlos wirkendes Bild hineingezogen", wobei die endlosen Wendungen der Deutungen und Schilderungen jene Schwingungen auslösen, die den Leser selber in eine Art der Ergriffenheit versetzen, welche ihn weniger auf seine inneren Bilderwelten hinweisen, als daß er der Faszination solcher Deutungskunst erliegt.[19] Drewermanns Theologisierung der Jungschen Konzeption läßt sich, insoweit sie diesen Darstellungsformen anhängt, als eine Form von psychotherapeutischem Fundamentalismus begreifen, der alles aus einer diagnostischen Sichtweise betrachtet und welcher demzufolge alles durch eine Universalmethode heilen möchte. Besonders da, wo er seine Archetypenlehre predigt, wirkt er „erbarmungslos apodiktisch, so daß man an dieser Stelle nicht „zu Unrecht neue Unfehlbarkeitsansprüche" vermutet.[20]

In Drewermanns therapeutischem Konzept wird die Jungsche Theorie nicht nur programmatisch vorausgesetzt, sondern zugleich zur Begründung unumstößlicher Wahrheiten herangezogen. Nur durch die inneren Traumbilder, die archetypisch gedeutet werden, lassen sich seinen Ausführungen zufolge, die wahren Probleme und Daseinskonflikte erschließen. Dieser universalistische Anspruch diskreditiert nicht nur andere Formen der Wahrnehmung psychischer Probleme, wie etwa objektbeziehungstheoretische Konzepte, wie sie von Otto F. Kernberg, Vamik Volkan u. a. vorgelegt wurden, sondern läßt sie einfach nicht mehr zu. So erscheint es nur konsequent, daß Drewermann den quasireligiösen und mythischen Charakter der Jungschen Psychologie zu einem therapeutischen Dogmatismus ausgeweitet hat und mit der tiefenpsychologischen Verortung seiner theologischen Rezeptionen verknüpft. Indem Drewermann durch die Verabsolutierung der Archetypenlehre in seinen therapeutischen Bezügen alle sozialen Bedingungen außer Acht läßt und ein schamanisches Ideal von Priestertum und Therapeut anbietet, das leicht zu einer undurchsichtigen Bindung an seine Person führt, wird er zum Guru einer unspezifischen Seelentherapie. Diese wird gleichermaßen in Fragen der Gottesentfremdung und der Entfremdung des Menschen von sich selbst infolge seelischer Leiden in Anspruch genommen. Angesichts der rabiaten Apodiktik, mit der er sein therapeutisches Konzept vertritt, darf bezweifelt werden, ob seine Deutungen wirklich den einzelnen in seinem Sosein bestärken, oder ob sich nicht dessen Eigenständigkeit in der Verschmelzung mit den vorgegebenen archetypischen Bildern geradezu auflöst.

Drewermanns apodiktische und reflexionslose Übernahme der Jungschen Archetypenlehre, die er als Tatsachen sieht, ist denn auch zu Recht von Seiten der Theologie als auch durch die nichtjungianische Psychologie kritisiert worden, da der empirische Gehalt der Archetypen mehr als umstritten ist. Die Rezeption der Jungschen Tiefenpsychologie konstruiert eine Rezeptur mythisch gegründeter und zugleich zeitgemäßer Psychotherapie für den alltäglichen Hausgebrauch, die zugleich mit einem Universalitätsanspruch auftritt. Indem er sie ausschließlich an die intuitiven Vorgaben seines eigenen Verstehens anbindet und mit dem Instrument seiner überwältigenden Beredsamkeit den Menschen offeriert, rückt seine therapeutische Lehre bedenklich nahe an die Grenze zum Esoterischen, was durchaus einem hedonistischen Zeitgeist breiter mittelständischer Bildungsschichten entgegenkommt. Drewermanns Anspruch, den Menschen aus der Einsamkeit seiner Angst zu befreien, verkehrt sich unter der Wucht seiner egozentrierten Psychologie in ihr Gegenteil. In Wirklichkeit eröffnen seine therapeutischen Rezeptionen dem Individuum die Möglichkeit, sein Glück in privater Exklusivität und sozialer Indolenz zu suchen, was seine Einsamkeit zusätzlich fortschreibt. Deshalb erweist sich seine Therapie zur Befreiung des Menschen aus seinen fundamentalen Ängsten bei näherem Hinsehen als eine sozial völlig unverbindliche und radikal unpolitische psychologische Spiritualität des privaten Glücks.

Trotz aller Ausschließlichkeit mit der Drewermann die tiefenpsychologischen Position der Archetypenlehre C. G. Jungs rezipiert, sieht er ihre Möglichkeiten nicht in dem Ausmaß als ubiquitär, wie er von ihr behauptet, wenn er ihr zugesteht, nicht die Macht zu besitzen, jene Bilder der Psyche auf die Ordnungsstrukturen der Gesellschaft zu übertragen um sinnvermittelnd auf diese einzuwirken. Zudem scheint er ihr auf Dauer der Zeit nicht zu trauen. So bemerkt er, daß sie nur eine Methode ist, die eines Tages vergehen wird, in eine Zukunft, wenn sie ihren Heilsdienst getan hat[22]. Bis dahin wird sie unser aller Schicksal und Ärgernis bleiben oder der ewige „Steinbruch", aus dem sich die Propheten der Wendezeit bedienen.

Anmerkungen

1 Hierzu: Eugen Drewermann: Lieb Schwesterlein, laß mich herein. Grimms Märchen tiefenpsychologisch gedeutet, München 1992; ders.: Rapunzel, Rapunzel, laß dein Haar herunter Grimms Märchen tiefenpsychologisch gedeutet, München 1992; Exemplarisch zur Jungschen Schule der Mythen- und Märchendeutungen: Marie-Louise von Franz: Das Weibliche im Märchen, Fellbach-Oeffingen 1991; Sybille Birkhäuser-Oeri: Die Mutter im Märchen, Fellbach-Oeri 1990; Ingrid Riedel: Die weise Frau in Märchen und Mythen, München 1997; Wilhelm Laiblin, Hrsg.: Märchenforschung und Tiefenpsychologie, Darmstadt 1995; Hans Dieckmann: Gelebte Märchen Lieblingsmärchen der Kindheit, Zürich 1991; Mario Jacoby, Verena Kast, Ingrid Riedel, Hrsg.: Das Böse im Märchen, Fellbach 1999

2 Eugen Drewermann: Tiefenpsychologie und Exegese 2 Die Wahrheit der Werke und Worte, Olten 1993, S. 246 ff. Sämtliche, von Drewermann stammenden Aussagen sind diesem Buch entnommen.

3 Hierzu ausführlich: Christa Rohde-Dachser: Das Borderline-Syndrom, Bern 2000. Wie sich diese Erkrankung gerade im Alltag bemerkbar macht, hierzu: Jerold J.Kreisman, Hal Straus: Ich hasse dich - verlass mich nicht Die schwarzweiße Welt der Borderline-Persönlichkeit, München 1992.

4 H. Merklein: Die Heilung des Besessenen von Gerasa, zitiert in: Frey: Eugen Drewermann und die biblische Exegese. Tübingen 1995, S. 130.

5 Eugen Drewermann: ebenda.

6 Hierzu: Gerd Theissen: Psychologische Aspekte paulinischer Theologie. Göttingen 1983, S. 11.

7 Hierzu: Jörg Frey. Eugen Drewermann und die biblische Exegese, S. 251.

8 Hierzu: Jörg Frey, ebenda: S. 224. Die subjektale Deutung erschließt die inneren Bilder in Träumen, Imaginationen und Mythen als Anteile der eigenen Psyche, hingegen die objektale Methode diese Impressionen auf andere Objekte und Personen der Außenwelt bezieht, die Jung zufolge, sich in der Psyche des einzelnen wiederfinden. Das Vorhaben, beide Deutungsebenen wechselseitig in thematischer Übereinstimmung zu bringen, birgt ein erkenntnistheoretisches Problem in sich, was darin besteht, daß die inneren Bilder nicht immer identisch mit den äußeren zu sein brauchen, bzw. deren tatsächlichen Inhalt oder diejenige psychische Energie widerspiegeln, die ihnen von Seiten des Deuters unterstellt werden.. Im therapeutischen Einzelfall ist dies nicht von Bedeutung, da es hierbei darauf ankommt, wie der Patient diese Bilder erfährt und nicht, ob sie objektiv so sind. Wenn jedoch eine Theorie der Diagnostik und Therapie hiermit begründet wird, ist das eine andere Sache. Denn es besteht immerhin die Gefahr des voreiligen Schlusses, der subjektiv verzerrt ist, da die Objekte der Außenwelt über die intuitive Kraft innerer Impressionen in einem objektiven Anspruch erschlossen werden sollen, wie Jung dies beispielsweise im Falle des Nationalsozialismus vorgenommen hat. Hinzu kommt, daß sowohl Jung als auch Drewermann nicht ihren eigenen Standpunkt einer hermeneutisch-kritischen Reflexion unterziehen.

9 Hierzu: Jörg Frey, ebenda: S. 234.

10 Eugen Drewermann: Das Markus-Evangelium, I, Olten/Freiburg 1987, S.78 f. Hervorhebungen im Original.

11 Vgl. R. Schmidt - Rost: Eugen Drewermann: Die Wiederkehr der Bilder, S.89

12 Eugen Drewermann: ebenda, S.116

13 Hierzu ausführlich: Christa Rohde-Dachser: ebenda.

14 G. Fehrenbacher: Drewermann verstehen. Eine kritische Hinführung, Olten-Freiburg, 1991, S. 178

15 Eugen Drewermann: Tiefenpsychologie und Exegese II , S. 784 Hervorhebungen im Original
16 Eugen Drewermann: ebenda.

17 H.K.Berg: *Ein Wort wie Feuer. Wege lebendiger Bibelauslegung, München/Stuttgart 1991, S. 167*

18 Vgl. *Jörg Frey: Eugen Drewermann und die biblische Exegese, Tübingen 1994, S. 90*

19 *Ebenda: S. 89*

20 *Ebenda: S. 13 .*

21 *Jörg Frey: ebenda, S. 238*

22 *Drewermann: ebenda, S. 790*

Literaturverzeichnis

Berg, H.K.: Ein Wort wie Feuer. Wege lebendiger Bibelauslegung, München/Stuttgart 1991

Drewermann, Eugen: Das Markus-Evangelium 1. Bilder von Erlösung, Olten und Freiburg/ Brsg. 1987

Derselbe: Tiefenpsychologie und Exegese. Bd.2 Die Wahrheit der Werke und der Worte. Wunder, Vision, Weissagung, Apokalypse, Geschichte, Gleichnis, Olten und Freiburg/ Brsg. 1993

Dulz, Birger/ Schneider, Angela: Borderline – Störungen Theorie und Therapie, Stuttgart 1995

Fehrenbacher, G.: Drewermann verstehen. Eine kritische Einführung, Olten und Freiburg / Brsg. 1991

Foerster, Manfred. F. : Individuation und Objektbeziehung. Eine Auseinandersetzung mit der Analytischen Psychologie und Archetypenlehre C .G. Jungs, Aachen 2000

Frank, M.: Der kommende Gott. Vorlesungen über eine neue Mythologie, Frankfurt am Main 1982

Frey, Jörg: Eugen Drewermann und die biblische Exegese, Tübingen 1995

Keintzel,R.: C.G. Jung: Ergebnisse seiner Psychologie. Eine Kritik anhand des Begriffes der psychischen Inflation, Bonn 1977

Kernberg, Otto F.: Borderline – Störungen und Pathologischer Narzißmus, Frankfurt am Main 1995

Lohfink, Gerhard/ Pesch, Rudolf: Tiefenpsychologie und keine Exegese. Eine Auseinandersetzung mit Eugen Drewermann, Stuttgart 1987

Meyer, Guido: Von der Archetypenlehre zur Wirkbilddidaktik. Eine religionspädagogische Auseinandersetzung mit der Jungschen Archetypenlehre, Aachen 1992

Schmidt- Rost, R.: Drewermann: Die Wirklichkeit der Bilder oder die Religion auf dem Medienmarkt. Eugen Drewermanns therapeutische Theologie als Mittel der Privatisierung von Religion in der Single- Gesellschaft. EWZ- Texte, Information Nr. 118 VII/ 1992, Stuttgart1992

Stern, Paul: Prophet des Unbewußten. Eine Biographie, München 1988

Theißen, Gerd: Psychologische Aspekte Paulinischer Theologie, Göttingen 1983

Tenzler, Johannes: Selbstfindung und Gotteserfahrung. Die Persönlichkeit C. G. Jungs und ihr zentraler Niederschlag in seiner „Komplexen Psychologie", Paderborn 1975

Volkan, Vamik: Psychoanalyse der frühen Objektbeziehungen, 1978

Manfred J. Foerster

studierte Psychologie, Erziehungswissenschaft, Soziologie und Philosophie in Aachen und Mainz und promovierte in Heidelberg über die Analytische Psychologie C.G. Jungs.

Er ist Lehrbeauftragter im Fachbereich Erziehungswissenschaft an der Johannes-Gutenberg-Universität Mainz tätig, mit den Schwerpunkten: Frühkindliche Bindungserfahrungen und Sozialisation, Ursachen und Auswirkungen von Persönlichkeitsstörungen sowie Persönlichkeitsprofile von Gewalt- und Sexualdeliktern.

Wichtigste Veröffentlichungen: Individuation und Objektbeziehung Eine Auseinandersetzung mit der Analytischen Psychologie Carl Gustav Jungs (Aachen 2000); Bindungstheorie und Persönlichkeitsstörungen bei Klienten der Straffälligenhilfe, in: DVJJ 2002/ Heft 3; Lasten der Vergangenheit Traditionslinien zum Nationalsozialismus (London 2006); Zur Psychopathologie des Rassismus und Antisemitismus (Aachen 2009); Übertragung-Persönlichkeitsstörungen und das Dilemma des Helfers, in: Bewährungshilfe Soziales- Strafrecht- Kriminalpolitik 2003/ Heft 1); Zum Umgang mit Sexual- und Gewaltdelinquenten in der Straffälligenhilfe aus Sicht der Objektbeziehungs- und Bindungstheorie, in: Bewährungshilfe Soziales- Strafrecht- Kriminalpolitik/ 2003/ Heft 3; Frühe Traumatisierungen und Delinquenz- der Täter als Opfer seiner Biographie. Zur Wirklichkeit früher Traumatisierungen im Kontext der Straffälligenhilfe (Ursachen- Auswirkungen-Perspektiven) in: Neue Praxis, 2005/Heft 4; Die antisoziale Persönlichkeit im Strafvollzug dargestellt an der Person des Hannibal Lecter aus dem Film Das Schweigen der Lämmer, in: Forum Strafvollzug, 2013/ Heft 3; Bildungsbürger Nationaler Mythos und Untertan Betrachtungen zur Kultur des Bürgertums (Aachen 2009).